AI와 직장인 생존 전략

인공지능총서

인공지능 시대입니다. 기계가 인간의 인지를 대신하고, 사물이 인간을 통하지 않고 다른 사물과 직접 커뮤니케이션합니다. 이에 따른 인간 삶과 문명 변화를 정확히 이해·예측·대응하는 것은 이 시대 우리 모두의 과제입니다. 인공지능총서는 인공지능 기술과 환경의 여러 주제를 10가지 키워드로 정리합니다. 관련 개념과 이론, 학계와 산업계의 쟁점, 우리 일상의 변화를 다룹니다. 인간과 기술의 현재, 미래를 세심히 분석합니다.

일러두기

- 인명, 작품명, 저서명, 개념어 등은 한글과 함께 괄호 안에 해당 국가의 원어를 병기했습니다.
- 외래어 표기는 현행 어문규정의 외래어표기법을 따랐습니다.

처음이세요?

전문가세요?

AI와 직장인 생존 전략

구석모·이하나

대한민국, 서울, 커뮤니케이션북스, 2025

AI와 직장인 생존 전략

지은이 구석모·이하나
펴낸이 박영률

초판 1쇄 펴낸날 2025년 9월 29일

커뮤니케이션북스(주)
출판 등록 2007년 8월 17일 제313-2007-000166호
02880 서울시 성북구 성북로 5-11
전화(02) 7474 001, 팩스(02) 736 5047
commbooks@commbooks.com
www.commbooks.com

ISBN 979-11-430-1006-3 03500

책값은 뒤표지에 표시되어 있습니다.

차례

AI와 함께 일하는 법, 인간답게 살아남는 법

커리어의 새로운 시대에 서 있는 우리

우리는 지금, 한 번도 경험해 보지 못한 커리어의 시대에 서 있다. 기술은 더 이상 도구나 배경이 아니라, '일' 자체의 본질을 바꾸는 중심이 되었다. 특히 생성형 AI의 등장은 인간의 사고방식과 노동 구조, 나아가 존재의 의미마저 다시 묻는다.

어제까지 우리가 해 왔던 익숙한 업무가 오늘은 자동화되고, 익숙했던 직무가 새로운 이름으로 재구성되며, 많은 이들이 당연하게 생각했던 '커리어 경로'는 점점 희미해지고 있다. 우리는 자주 질문에 멈춰 서게 된다. "나는 앞으로도 계속 일할 수 있을까?", "지금 하고 있는 이 일이 미래에도 의미가 있을까?", "나는 어떤 사람으로 기억될까?"

이런 질문은 단순한 불안을 넘어서, 존재에 대한 재정의를 요구한다. 우리는 더 이상 경력의 '스펙'만으로 평가받을 수 없고, AI보다 더 빠르게 일해야 할 필요도 없다. 오히려 중요한 것은 우리가 어떤 방식으로 이 변화에 반응하고, 어떤 의미를 발견하며, 어떤 서사를 만들어 갈 것인가다. 기술의 물결은 거세지만, 그 안에서 나다움을 지키며 일하고 싶은 사람들에게 필요한 건 정답보다 방향이다. 이 책은, 바로 그 물음에서 시작되었다.

우리는 누구이며, 이 책은 왜 두 사람이 함께 썼는가

우리는 서로 다른 일을 한다. 구석모는 기술을 바탕으로 문제를 풀어 가는 프로덕트 오너(Product Owner)이고, 이하나는 회사와 사회를 연결하는 홍보(PR) 매니저다. 그러나 전혀 다른 지점에 서 있는 듯 보이는 이 두 사람은, 같은 시대와 같은 장면을 목격하고 있었다.

기술은 사람을 밀어내는 존재가 아니라, 오히려 사람의 '역할'을 다시 묻는 질문자라는 사실. 그리고 점점 더 많은 동료들이 '나는 어떤 사람인가', '앞으로도 일할 수 있을까'라는 자기 질문을 품기 시작했다는 것. 그 질문은 단지 직무나 경력의 문제가 아니라, 삶의 방식과 존재의 존엄에 대한 고민으로 번져 가고 있다는 것.

구석모는 새로운 자동화 툴을 팀에 도입할 때마다, 기술보다 사람의 속도를 고려해야 한다는 사실을 절감한다. PR 매니저로 일하는 이하나는 보도 자료 한 줄을 쓰기 위해 AI의 데이터를 참고하면서도, 그 안에 담을 감정과 맥락, 기업의 윤리를 고민한다. 서로 다른 역할과 언어를 가진 두 사람이지만, 우리가 마주한 풍경은 같았다. 우리는 그 질문을 조금 더 깊이 다뤄 보고 싶었다.

그래서 이 책은 단지 정보를 전하는 설명서가 아니라, 기술과 인간 사이에 놓인 하나의 '다리'가 되기를 바라며 함께 쓰기 시작했다.

기술보다 더 중요한 것은 태도와 서사

구석모는 기술을 다루는 사람이다. 새로운 도구가 나오면 직접 써 보고, 자동화가 가능한 반복 업무를 줄이는 방법을 고민하며, 팀원들이 기술을 두려워하지 않도록 교육하고, 실무에 접목할 수 있도록 돕는다. 그 과정에서 그는 기술은 결국 도구일 뿐이며, 문제를 해결하는 방식은 여전히 '사람'의 손에 달려 있다는 것을 체감하게 되었다. 중요한 것은 기술을 얼마나 빠르게 익히느냐가 아니라, 그것을 어떤 기준과 철학으로 사용할 것인가 하는 질문이다. 이하나는 매일 같이 일과 기술의 발전을 콘텐츠로 풀어내는 사람이다. 최근에는 언론과 사회가 AI로 인한 일의 변화를 어떻게 받아들이고 있는지, 그 속에서 조직은, 그리고 일하는 개인은 어떤 태도를 가져야 하는

지를 고민하는 사람이기도 하다. '어떻게 말할 것인가'라는 질문은 자연스럽게 '어떻게 살아야 할 것인가'라는 고민으로 이어졌고, 그 질문은 다시 "나는 어떤 서사를 가진 사람인가?"라는 커리어의 질문으로 확장되었다.

우리는 둘 다 기술을 좋아하지만, 기술보다 사람을 더 좋아한다. 이 책은 그래서 '어떤 도구가 좋은가'보다는 '어떤 사람이 되어야 하는가'를 다룬다. 변화는 빠르지만, 태도는 깊게 쌓이고 오래간다. 우리는 이 책을 통해 '속도'보다 '결'을 이야기하고 싶었다.

이 책은 무엇을 다루고자 하는가

이 책은 기술 자체를 설명하는 데 집중하지 않는다. 어떤 툴을 써야 효율이 높은지, 어떤 프롬프트를 입력하면 더 나은 결과가 나오는지는 이미 여러 매체에서 훌륭히 다루고 있기 때문이다.

우리는 다른 것을 다루고자 한다. 이 책은 '기술을 마주한 사람'의 이야기다. 그 사람의 혼란, 질문, 시도, 변화, 성장, 그리고 결국 '자기 서사'의 확장까지. 기술을 이해하는 것이 아니라, '기술 앞에서 나는 어떤 사람인가'를 묻는 책. 무너지는 구조 속에서 나를 지키기 위한 전략이자 태도를 정리한 심리적 생존 가이드다.

이 책은 특히, 다음 커리어를 고민하는 사람, 새로운 도구 앞에서 막막함을 느끼는 사람, 변화의 속도에 비해 자신이 너무 느리다고 느끼는 사람에게 작은 등불이 되기를 바란다. 우리도 같은 고민을 하고 있고, 그 과정에서 발견한 생각의 조각들을 정리해 전하고자 한다.

각 장은 어떤 이야기를 담고 있는가

1장은 우리가 마주한 변화의 본질을 짚는다. 생성형 AI는 단순한 기술 진보가 아니라, 일의 구조와 사고방식 자체를 재구성하고 있다. 이제 '디지털 적응'보다 'AI와의 협업'이 핵심 역량이 되었고, 이는 곧 인간의 역할을 새롭게 정의하는 질문으로 이어진다. 기술을 수단으로 삼기 위해서는, 먼저 그 기술이 비추는 거울 속 우리의 모습부터 직면해야 한다.

2장은 '일'의 개념이 해체되고 재조립되는 과정을 다룬다. AI는 도구에서 협업자로 이동하고 있으며, 업무는 성과의 단위를 넘어 이야기와 연결의 방식으로 바뀌고 있다. 공간은 멀어졌지만, 정서적 거리와 협업의 밀도는 오히려 더 중요해졌다. 이 장은 '기술과 함께 일한다'는 것이 어떤 의미인지 다시 묻는다.

3장은 '직무'라는 틀의 변화에 주목한다. AI는 고정된 역할을 해체하며, '무엇을 맡았는가'보다 '어떻게 기여하는가'를 중심으로 커리어 구조를 재편하고 있다. 이제 중요한 것은 정해진 일보다 변화 속에서 자신의 역량을 어떻게 해석하고 연결할 것인가다. 이 장은 기술 중심의 변화 속에서도 인간 고유의 감각과 사고가 어떻게 경쟁력이 되는지를 살펴본다.

4장부터 8장까지는 기술의 실전 활용법이다. 다양한 도구를 직접 써 보고, 비기술 직군도 쉽게 접근할 수 있도록 설명하고, '정답'보다 '기준'을 제공하려 노력했다. 이 장들에는 '기술은 외우는 것이 아니라, 써 보는 것이다'라는 메시지가 담겨 있다. 각 장 끝에는 실습 예시와 저자의 경험담이 담겨 있어 실용성과 감정이 함께 작동하길 기대했다.

9장과 10장은 다시 본질적인 질문으로 돌아온다. '나는 왜 일을 하는가', '무엇을 위해 살아가는가', '나는 어떤 이야기를 남기고 싶은가'라는 질문은, 결국 우리가 이 책을 통해 나누고 싶은 가장 깊은 이야기다. 기술은 변하지만, 사람의 서사는 계속된다. 그 이야기의 진정성과 방향이, AI 시대 이후의 경쟁력을 좌우할 것이다.

이 책이 독자에게 주고 싶은 것

우리는, 이 책이 독자에게 단 하나의 정답을 주기를 바라지 않는다. 오히려 질문을 품는 힘, 혼란을 견디는 시선, 자기 리듬을 지키는 용기를 전하고자 했다.

이 책을 읽고 난 뒤, 누군가는 다음 이직을 조금 더 명확히 계획하게 될 수도 있고, 누군가는 지금 하는 일을 새롭게 바라볼 수도 있다. 또 누군가는 그동안 미뤄 왔던 학습을 다시 시작하게 될 수도 있겠다. 어떤 변화든, 그것이 '나의 이야기'로 연결되길 바란다.

혹시 당신도 요즘, "지금 이 길이 맞는 걸까?"라는 생각을 자주 하는가? 아니면, "나는 계속 일할 수 있을까?"라는 불안 속에 있는가? 그렇다면 이 책은 그 질문에 대한 해답을 주지는 않겠지만, '다음 질문으로 가는 작은 문' 하나쯤은 열어 줄 수 있을 거라 믿는다. 우리는 그 문 앞에 같이 서고 싶었다.

기술보다 느리고, 그러나 더 단단한 힘

지금은 '속도'의 시대다. 더 빠르게 배우고, 더 효율적으로 일하고, 더 많은 것을 해 내는 사람이 주목받는다. 그러나 우리는 다른 이야기를 하고 싶었다.

우리가 말하고자 한 것은, 방향이다. 기술을 빨리 습

득하는 사람이 아니라, 기술 앞에서 무너지지 않는 사람. 새로운 것을 빠르게 시도하는 사람이 아니라, 자기만의 기준과 질문을 가진 사람. 우리는 결국 그런 사람이 오래 살아남는다는 믿음을 가지고 이 책을 썼다.

우리는 화려한 스킬보다도, 일관된 태도를 신뢰한다. 기술은 계속 바뀔 것이고, 지금의 도구는 곧 낡겠지만, '사람의 방식으로 살아가는 힘'은 그 어떤 시대에도 유효하다는 믿음이 우리에게 있다.

마지막으로, 우리가 바라는 단 하나

기술은 앞으로도 계속 바뀔 것이다. 그러나 사람이 사람답게 일할 수 있는 감각, 관계, 태도는 여전히 가장 중요한 자산이다.

우리는 이 책이 단지 AI 시대를 설명하는 기술서가 아니라, 사람이 더 단단하게 일하고 살아가기 위한 심리적 생존 가이드가 되기를 바란다. 기계와 경쟁하지 않으면서도, 사람의 방식으로 의미 있는 일을 해 내는 법. 그 이야기의 작은 출발점이 되기를 진심으로 바란다.

누군가는 이 책을 한 번에 다 읽을 수도 있고, 어떤 이는 어느 페이지에서 잠시 멈췄다 다시 펼칠지도 모른다. 어느 쪽이든 괜찮다. 중요한 것은 당신이 자신의 속도로,

자신의 방식대로 이 시대를 통과하는 것이다. 그리고 그 여정에 이 책이 작은 벗이 되어 주기를 바란다.

01
AI 혁명, 현주소와 맥락 읽기

AI 시대의 본격적인 시작을 알린 생성형 AI는 단순히 도구에 그치지 않고, 우리의 사고방식과 업무 방식까지 재구성하고 있다. 기술 변화의 역사적 맥락을 살펴보며, 이 변화가 직장인들에게 어떤 의미를 가지며, 우리가 그 변화 속에서 어떻게 '기회'를 포착할 수 있을지를 탐구한다.

기후 위기와 인공지능?

지금, 우리는 어디에 와 있는가

2022년 말, 챗지피티(ChatGPT)의 등장은 생성형 인공지능(Generative AI)이 대중의 일상에 본격적으로 진입한 결정적 순간이었다. 그동안 AI는 주로 연구실과 산업 기술의 언어로만 이야기되었지만, 자연어로 질문하고 응답받는 직관적인 대화형 인터페이스는 기술적 거리감을 단숨에 허물었다. 이제 더 이상 AI는 '머나먼 미래의 기술'이 아니라, 우리가 매일 사용하는 툴이자 동료로 자리매김했다.

전 세계 수많은 기업과 정부 기관이 생성형 AI를 업무에 통합하기 시작했다. 회의록 자동화, 보고서 초안 작성, 마케팅 카피 생성, 코드 자동 완성, 심지어 채용 공고 문안까지—모든 직무에서 AI의 흔적을 쉽게 찾을 수 있게 됐다. GPT, 클로드(Claude), 제미나이(Gemini) 등 대형 언어 모델(LLM)의 등장은 지식 노동의 정의 자체를 재편하고 있으며, 이는 단순한 자동화 기술의 도입을 넘어 조직과 일의 문화를 바꾸는 흐름이다.

2024년 프라이스워터하우스쿠퍼(PwC)의 '클라우드 및 AI 비즈니스 설문 조사(Cloud & AI Business Survey)'에 따르면, '최우수 기업(Top Performers)' 그룹의 98%는 데이터 및 아키텍처 준비를 마쳤으며, 전사 차원에서 생성형 AI를 본격 도입한 것으로 나타났다. 또한 PwC는 2025년 현재, 미국과 영국의 컨설팅 고객 중 95% 이상이 생성형 AI를 실무에 활용 중이라고 밝혔다(PwC, 2024). IBM은 인사 부문의 문서 평가에 AI를 도입해 업무 시간을 절반으로 단축했고, 모건스탠리는 AI 기반 금융 지식 베이스를 활용해 고객 응대 품질을 향상했으며, 뉴욕시 정부는 공공 부문에서의 생성형 AI 활용을 위한 윤리 가이드라인까지 마련했다. 2024년 말 기준, 미국 연방 정부 산하 기관 중 36개가 이미 생성형 AI를 실무에 활용 중이라는 보고도 있다.

국내도 예외는 아니다. 삼성전자는 자체 LLM 기반 시스템인 '삼성 가우스(Gauss)'를 도입해 이메일 작성, 회의록 요약, 번역 등 지식 노동 지원을 가속화하고 있다. LG 씨엔에스(CNS)는 사내 업무 자동화 시스템에 생성형 AI를 적용해 보고서 자동 요약 및 회의 기록 기능을 운영 중이고, 카카오는 고객 응대 채팅 시스템에 AI를 접목해 대응률과 응답 속도를 동시에 높이고 있다. 기업뿐 아니라, 서울시와 과학기술정보통신부 등 공공 기관에서도 공공 데이터를 기반으로 한 생성형 AI 도입이 시범 운영되고 있으며, 각 대학과 직업 훈련 기관들도 관련 커리큘럼을 빠르게 개편 중이다.

이러한 흐름은 이제 '디지털 적응'이 아니라, 'AI 협업 능력'이 새로운 직무 역량의 기준이 되고 있음을 보여 준다.

기술 변화의 역사적 맥락 읽기

기술은 단절이 아니라 연속이다. 지금의 AI 혁신은 새로운 듯 보이지만, 인류는 이미 여러 차례 거대한 기술의 파도를 지나왔다. 18세기 말 증기 기관은 인간의 근육을 대체하며 산업 혁명을 열었고, 20세기 중반 컴퓨터는 정보 처리를 기계화하며 사무직 노동을 재정의했다. 1990년대 인터넷은 정보 접근성과 연결 방식 자체를 바꾸었다. 지금 우리는 생성형 AI를 통해 사고의 방식, 협업의 구조, 의미의 생산 방식을 다시 쓰는 중이다.

이러한 기술의 진보가 항상 순탄했던 것은 아니다. 1811년, 영국 직조공들은 기계가 자신의 일자리를 빼앗을 것이라는 두려움에 기계를 파괴하며 저항했다. 이는 이후 '러다이트 운동'으로 명명되었고, 기술 혁신이 인간의 생존을 위협하는 것으로 여겨질 때 나타나는 본능적 반응을 상징하게 되었다. 하지만 역사는 보여 준다. 기술은 일자리를 없애기보다, 새로운 역할을 요구하는 방향으로 노동을 재구성해 왔다.

MIT의 데이비드 오터(David H. Autor) 교수는 기술은 인간의 직무를 파괴하지 않고, 고차원적 의사 결정과 판단의 단계로 역할을 이동한다고 설명한다(Autor, 2015). 예컨대 과거의 회계사는 수작업 계산과 전표 정리에 시간을 썼다면, 오늘날 회계사는 전략적 재무 기획과 데이터 분석에 집중한다. 지금의 AI 역시 마찬가지다. 우리는 AI가 할 수 있는 일과 할 수 없는 일을 구분하면서, 인간 고유의 역량이 발휘될 수 있는 영역을 넓혀가야 한다.

실제로 '프롬프트 엔지니어', 'AI 윤리 관리자', 'AI 협업 트레이너' 같은 신 직군이 빠르게 생겨나고 있다. 마이크로소프트, 구글, 메타 등 글로벌 기업은 AI 제품의 기획과 조율을 담당할 'AI 프로덕트 매니저' 수요를 급증하고 있으며, 국내에서도 이를 겨냥한 하이브리드 직무 교육 과정이 개설되고 있다. 많은 직장인들이 자신을 '보완된 인간(Augmented Human)'으로 재정의하고 있으며, 이는 단순한 기술 적응이 아닌 정체성의 전환이자 경력의 재설계 과정이다.

불안을 넘어서기 위한 인식 전환

그럼에도 불구하고, 기술 변화의 속도는 많은 이들에게

불안을 안긴다. "AI가 내 일을 대체하면 어떡하지?", "나만 뒤처지는 건 아닐까?"라는 질문을 하루에도 몇 번씩 스스로에게 되묻게 된다. 스탠퍼드 인간 중심 AI 연구소(Stanford HAI)의 《AI 지표 보고서(AI Index Report) 2024》에서는 AI 확산에 의한 혼란과 불확실성에 대한 공포가 주요 심리적 장벽임을 지적한다. 실제로 슬랙(Slack)의 《2024년 가을 인력 지수(Fall 2024 Workforce Index)》에 따르면, 미국 직장인의 약 48%는 AI 사용에 대해 상사에게 알리는 것을 불편해했으며, 이 중 상당수는 언제 어떻게 AI를 써야 할지 모르는 불확실성을 이유로 들었다.

이런 불안은 자연스럽지만, 그 불안을 그대로 둔 채 머물러 있기만 해서는 안 된다. 심리학자 앨버트 밴듀라(Albert Bandura)는 '자기 효능감(Self-efficacy)'이 변화 대응의 핵심이라고 강조한다. 자신이 새로운 기술을 학습하고 활용할 수 있다는 내적 확신이 행동을 이끌고, 행동은 다시 자신감을 강화하는 선순환을 만든다. 이는 AI 기술에 대한 이해 수준보다, 그것을 받아들이는 심리적 태도가 더 중요하다는 점을 보여 준다.

심리학자 캐럴 드웩(Carol Susan Dweck)의 '성장 마인드셋(Growth Mindset)' 개념도 여기에 힘을 싣는다.

그는 능력이란 고정된 것이 아니라 학습과 전략, 피드백을 통해 얼마든지 발전할 수 있다는 믿음에서 출발한다고 말한다. 실제로 AI에 능동적으로 적응한 직장인일수록 실패를 두려워하지 않고 실험하고, 그 과정에서 새로운 기회를 포착했다.

AI 시대는 정답을 가장 빠르게 찾는 사람보다, 질문을 잘 던지고 맥락을 읽으며 새로운 해석을 만들어 낼 줄 아는 사람에게 기회를 줄 것이다. MIT 슬론경영대학원 토머스 멀론(Thomas W. Malone) 교수는 인간과 AI의 협업이 새로운 형태의 '슈퍼마인드(Supermind)', 즉 집단지성을 만들어 낼 것이라고 보았다. 이 협업의 핵심은 기술 그 자체가 아니라, 인간 고유의 해석력, 윤리적 판단, 감정의 공명력에 있다.

우리는 지금 AI라는 거울 앞에 서 있다. 이 거울은 우리의 한계를 비추기도 하지만, 동시에 우리의 가능성을 되묻는 반사판이기도 하다. 우리는 어떤 태도로, 어떤 질문을 가지고, 어떤 역할로 이 기술과 마주할 것인가? 그 질문이 바로 지금, 커리어 전략의 출발점이다.

참고문헌

Arsheeya, B.(2024.5.29). PwC to become OpenAI's largest

enterprise customer amid genAI boom.
https://www.reuters.com/authors/arsheeya-bajwa/

Autor, D. H. (2015). Why are there still so many jobs? The history and future of workplace automation. *Journal of Economic Perspectives, 29*(3), 3~30.
https://www.aeaweb.org/articles?id=10.1257/jep.29.3.3

Autor, D. H.(2022). The Labor Market Impacts of Technological Change. MIT Working Paper.

Autor, D. H.(2025). Assessing the Real Impact of Automation on Jobs. Stanford HAI.

Bandura, A.(1997). *Self-efficacy: The exercise of control.* W.H. Freeman and Company.

Dweck, C. S.(2006). *Mindset: The new psychology of success.* Random House.

Fried, I.(2024.11.12). Study: Growth of AI adoption slows among U.S. workers. Axios.

Kulp, P.(2024.11.13). Office workers fear AI use makes them seem lazy. Tech Brew.

Malone, T. W.(2018). *Superminds: The surprising power of people and computers thinking together.* Little, Brown and Company.

Peter, D.(2024). Does technology help or hurt employment?. MIT News.

PwC(2024). Cloud & AI business survey.

Slack(2024). The fall 2024 workforce index shows executives and employees investing in AI, but uncertainty holding back adoption.

Stanford HAI(2024). AI index report 2024. Stanford Institute for Human-Centered Artificial Intelligence.

02
일하는 방식의 혁신: 디커플링, AI 협업 그리고 새로운 가치 창출

AI는 시간과 공간, 직무의 경계를 허물며, 유연한 근무 방식과 새로운 생산성 모델을 가능하게 한다. 디커플링을 통한 일의 재정의와 AI와의 협업을 통해 직장인들이 미래의 가치를 창출하고, 변화에 적응하는 방법을 제시한다.

노래하는 AI 보컬?

디커플링: 시간과 공간의 분리, 그리고 일의 재정의

디커플링(Decoupling)은 기존에 결합되어 있던 요소들이 분리되는 현상을 의미한다. 특히 디지털 전환(DX, Digital Transformation)과 AI의 도입은 시간과 공간, 노동과 생산성 간의 전통적인 연결 고리를 끊는다. 원격 근무, 자동화된 협업 도구, LLM 기반 생성형 AI는 물리적 장소를 기반으로 하지 않는 업무 환경을 만들어 내고 있으며, 이는 단지 '어디서 일하는가'를 넘어 '무엇이 일인가'에 대한 정의를 바꾸고 있다.

2023년 매킨지앤드컴퍼니(McKinsey & Company)가 발표한 보고서에 따르면, 생성형 AI의 도입으로 '의사 결정 · 협업' 등 지식 근로 활동의 약 40%가 시간 · 공간의 제약을 벗어나 자동화될 수 있으며, 특히 정보 산업, 콘텐츠 산업과 연구 · 개발 분야에서 이러한 전환이 두드러질 것으로 전망된다(McKinsey Global Institute, 2023). 실제로 글로벌 기업들은 회의 요약, 문서 분석, 코드 리뷰 등 지식 노동의 반복 단계를 LLM 기반 자동화 시스템에 위임하고 있다. 구글은 2024년 자사 워크스페이스에 'AI 컴패니언(Companion)'을 도입하여 실시간 회의 요약 및 주요 발언 추출 기능을 제공하며, 마이크로소프트의 '코파일럿(Copilot)'은 이메일 초안 작성, 문서 리뷰, 데이터 분석을 통해 업무의 효율성과 품질을 동시에 끌어올리고 있다.

하지만 디커플링의 효과는 기술적 도입만으로 완성되지 않는다. 하버드 경영대학원의 에이미 에드먼슨(Amy C. Edmondson) 교수는 원격 협업 환경에서 심리적 안전감(Psychological Safety)이 선행되지 않으면 구성원들이 자유롭게 의견을 내기 어렵고, 이는 협업의 성과로 이어지기 어렵다고 강조한다(Edmondson, 2018). 기술 인프라보다 중요한 것은 신뢰 기반의 커뮤니케이션이다. 물리적 공간은 멀어졌지만, 정서적 연결은 오히려 더 긴밀해져야 한다. 결국 업무는 '공간의 문제'가 아니라, '관계의 질'로 귀결된다. 이는 곧 "일은 어디에서 하는가"보다 "일은 어떻게 연결되는가"의 문제로 이행되고 있음을 의미한다.

인간과 AI의 협업: 새로운 동료의 탄생

AI는 더 이상 단순한 도구가 아니라 협업의 파트너로 기능한다. 정보 정리, 기본 문안 작성, 데이터 분석과 같은 1차 업무는 AI가 담당하고, 인간은 전략적 사고, 창의적 판단, 정서적 해석에 집중하는 구조가 빠르게 자리 잡고 있다. 이른바 '보완형 협업'과 '증폭형 협업'이 현실화되는 것이다. 마케터는 AI로부터 콘텐츠 초안을 받고 방향을 설계하며, 변호사는 GPT 기반 도구로 판례를 분류한 뒤 최종 판단을 내린다.

2024년 PwC의 글로벌 조사에 따르면 전 세계 직원의 73%가 AI 도구를 직접 사용해 보고 싶다고 답했으며, 실무자가 관리자보다 AI 수용 태도가 더 적극적인 것으로 나타났다. 이는 기술 도입이 톱다운 방식이 아닌 보텀업 흐름으로 전환되고 있음을 시사한다. 젊은 세대일수록 기술 친화적이며, 이는 조직 내 기술 리터러시의 역전(Reversed Skilling)을 가능하게 한다.

MIT 슬론 경영대학원의 토머스 멀론 교수는 인간과 AI가 각자의 강점을 결합할 때 최고 수준의 창의성과 생산성이 구현될 수 있으며, 특히 창의적 작업에서 두 집단의 상호 보완적 협업이 효과적이라고 강조한다(Vaccaro et al., 2024). AI는 데이터를 분석하고 패턴을 도출하며, 인간은 맥락과 감정을 해석한다. 예를 들어 고객 센터에서 AI가 1차 응답을 처리하고, 복잡하거나 민감한 사안은 인간 상담사가 맡는 구조는 이미 널리 보편화되어 있다. 이 협업 방식은 단지 효율의 문제가 아니라, 고객 경험의 품질을 높이는 전략적 선택이기도 하다. 또한 그는 인간-AI 협업의 세 가지 조건으로 '집단 지성의 활성화', '조직 내 투명성', '피드백 루프의 구조화'를 제시한다. AI는 기능을 넘어 조직 문화의 일부가 되어야 하며, 인간과 기계가 함께 문제를 해결할 수 있도록 시스템이 설계되어야 한다.

새로운 가치의 창출: 일의 목적과 보상의 재정의

AI는 단순히 노동을 대체하는 기술이 아니라, 일의 본질에 대해 근본적인 질문을 던지고 있다. "나는 왜 일하는가?", "무엇을 창조하고 싶은가?"와 같은 질문은 기술이 발전할수록 더욱 중요해진다. 과거에는 임금이 일의 핵심 보상이었다면, 오늘날에는 자율성, 성장 가능성, 의미 있는 기여 등의 정성적 가치가 핵심 동기로 부상한다.

2025년 《하버드 비즈니스 리뷰(Harvard Business Review)》는 "AI 시대의 직장인은 급여보다 성취와 성장, 자율성을 더 중시한다"고 분석했다. 2024년 딜로이트(Deloitte)의 글로벌 인재 보고서도 MZ세대 구성원들이 '가치 있는 문제 해결의 주체로 일하고 싶다'는 욕구가 강하다고 밝혔다. 이는 조직이 단순히 업무를 지시하는 구조에서, 구성원 각자가 '일의 서사'를 쓰는 협업 구조로 전환되어야 함을 의미한다.

보상의 구조 역시 진화하고 있다. 수치화된 성과만을 평가하던 과거에서 벗어나, 경험 기반 보상, 조직 기여도 평가, 동료 평가 연동 보너스 등 다양한 방식이 등장하고 있다. 이는 AI가 데이터는 제공할 수 있지만, 그 데이터를 어떻게 해석하고, 어떤 방향으로 의미화할 것인가는 여전히 인간의 몫임을 보여 준다.

변화에 대응하는 마인드셋: 유연성과 주도성

기술은 중립적이다. 그것을 위기로 만들 것인가, 기회로 만들 것인가는 사람의 태도에 달려 있다. AI 시대에 필요한 것은 기술의 숙련보다 변화에 대한 민감성과 주도성이다. 끊임없이 배울 준비가 되어 있는 사람, 정체성을 기술이 아닌 가치와 연결하는 사람, 그리고 기술 너머의 목적을 설계할 수 있는 사람이 가장 앞서 나갈 수 있다.

심리학자 앨버트 밴듀라는 자기 효능감을 변화 대응의 핵심 요인으로 제시했다. 스스로 '배울 수 있다', '적응할 수 있다'고 믿는 사람은 기술 변화 앞에서 위축되지 않는다. 캐럴 드웩의 '성장 마인드셋' 개념도 여기에 통한다. 실패를 두려워하지 않고 학습의 일부로 수용하는 태도가 AI 적응력과 직접 연결된다.

2025년 세계 주요 기업들은 이런 마인드셋을 바탕으로 한 교육 프로그램을 확대하고 있다. 아마존은 '커리어 초이스(Career Choice)' 프로그램을 통해 비개발자 직군에도 AI · 데이터 분석 교육을 제공하고 있으며, 구글의 '재취업(re:Work)'은 AI 윤리와 협업 훈련을 포함한 커리큘럼을 운영 중이다. 궁극적으로 기술을 쓰는 방식보다 중요한 것은 '어떤 인간으로 일할 것인가'다.

변화에 흔들리지 않는 정체성과, 변화에 응답하는 태도. 이것이 지속 가능한 커리어의 핵심 역량이자, AI와 함께 성장할 수 있는 유일한 전략이다.

참고문헌

Bandura, A.(1997). *Self-Efficacy: The exercise of control.* W.H. Freeman.

Deloitte Insights(2024). 2024 Global human capital trends.

Deloitte Global(2024). 2024 Gen Z and millennial survey.

Dweck, C. S.(2006). *Mindset: The new psychology of success.* Random House.

Eastwood, B.(2025). When humans and AI work best together_ and when each is better alone. MIT Sloan School of Management.

Edmondson, A. C.(1999). Psychological safety and learning behavior in work teams. *Administrative Science Quarterly, 44*(2), pp.350~383.

Edmondson, A. C.(2018). *The fearless organization: Creating psychological safety in the workplace for learning, innovation, and growth,* pp.256. Wiley. https://www.wiley.com/en-us/The+Fearless+Organization%3A+Creating+Psychological+Safety+in+the+Workplace+for+Learning%2C+Innovation%2C+and+Growth-p-9781119477242

Edmondson, A. C.(2019). *The fearless organization: Creating psychological safety in the workplace for learning, innovation, and growth.* Wiley.

Edmondson, A. C. & Mortensen, M.(2021.4.19). What Psychological Safety Looks Like in a Hybrid Workplace. *Harvard Business Review.*

Harvard Business Review(2025). Gen AI makes people more productive_and less motivated

Malone, T. W.(2018). *Superminds: The surprising power of people and computers thinking together.* Little, Brown Spark.

McKinsey & Company(2023). The State of Organizations 2023.

McKinsey Global Institute(2023). The economic potential of generative AI: The next productivity frontier.

Reisinger, H. et al.(2022.5). Balancing Autonomy and Structure for Remote Employees. *Harvard Business Review.*

Vaccaro, M. et al.(2024). When combinations of humans and AI are useful: A systematic review and meta-analysis. *Nature Human Behaviour, 8*(12), pp.2293~2303.

03
직무의 종말은 오지 않는다: 변화하는 역할과 커리어 전략

AI는 기존 직무를 대체하는 것이 아니라, 새로운 직무를 창출하며, 직장인의 역할을 재구성한다. 기술 중심의 커리어 전략에서 벗어나, '기술을 넘어서 사람 중심의 경쟁력'을 키울 수 있는 역량 중심 커리어 설계 방안을 제시한다.

인공지능과 편향?

'직무'라는 틀의 위기

생성형 AI의 확산은 많은 이들에게 "일자리가 사라질까?"라는 불안을 안겼지만, 실제로 더 근본적인 변화는 '직무(Job)'라는 개념 자체의 전환에 있다. 기존의 직무는 특정 업무의 묶음이며, 평가와 경력 개발의 기준이 되었지만, 오늘날 기업은 '역할(Role)' 기반의 유동적인 구조로 빠르게 이동하고 있다.

딜로이트의 보고서에 따르면, 응답 기업의 63%가 "전통적인 직무 기술서보다 역할 기반 평가 시스템을 도입 중"이라고 답했다. 이는 '무엇을 맡았는가'보다 '무엇을 할 수 있는가', '가치 창출의 가능성'을 중심으로 인재를 바라보는 관점의 변화다.

구글과 마이크로소프트, 제너럴 일렉트릭(GE)과 같은 글로벌 기업들은 이미 '직무 단위'에서 '프로젝트 · 미션 단위'의 구조로 이동하고 있다. 이는 정해진 직무 설명서보다, 문제 해결과 기여도를 기반으로 구성원을 평가하려는 흐름으로, 고정된 일자리보다 유동적 기여 지점의 집합으로서 '일'을 재정의하고 있는 셈이다. 평가와 보상 역시 정량적 과업 달성보다 협업 기여도와 문제 해결력 중심으로 바뀌는 추세다.

또한 AI는 직무의 일부 단계를 자동화하며, 더 이상 모든 업무가 특정 직무 단위에 귀속되지 않는 시대를 만들어 가고 있다. 즉 AI는 직무의 경계를 해체하며 '기능 단위의 유동화'를 가속화하고 있다. 조직은 더 이상 사람에게 일을 맞추지 않는다. 일이 사람을 중심으로 재편되고 있다.

AI가 만든 새로운 직무 지형

AI는 단순히 기존 일자리를 줄이는 기술이 아니다. 오히려 완전히 새로운 역할과 직무를 창출하고 있다. 프롬프트 엔지니어(Prompt Engineer), AI 윤리 책임자(AI Ethics Officer), 데이터 큐레이터(Data Curator), 인간-기계 협업 디자이너와 같은 직무는 이제 실제 채용 공고에서 자주 등장하는 용어다.

이들 직무의 공통점은 기술 자체보다 기술을 사람에게 연결하고 맥락화하는 능력, 즉 '해석과 통제의 역량'을 필요로 한다는 점이다. 특히 AI 윤리 책임자의 경우, 데이터 편향 · 설명 가능성 · 사회적 수용성과 같은 고차원적 문제를 다루며, 기술적 이해 이상으로 윤리적 판단력과 커뮤니케이션 능력을 요구받는다. 사용자 경험(UX) 설계자와 협업해 알고리즘의 인간 경험을 설계하거나, 법무 팀과 함께 책임 소재를 명시하는 것 역시 그 역할의 일부다.

세계경제포럼(World Economic Forum)은 2027년까지 8300만 개의 일자리가 사라지는 대신, 6900만 개의 새로운 역할이 생겨날 것이라고 전망했다(WEF, 2023). 이 분석은 AI의 영향이 '일자리 수의 감소'가 아니라 '역할의 재구성'에 있음을 보여 준다.

MIT 슬론 경영대학원의 이사벨라 로아이자(Isabella Loaiza) 박사와 로베르토 리고본(Roberto Rigobon) 교수는 "AI는 직무를 대체하기보다는 인간의 고유 역량을 부각하며, 공감(Empathy), 판단(Judgment), 윤리(Ethics), 창의성(Creativity), 희망(Hope)과 같은 역량을 더욱 중요하게 만든다"고 말했다(Loaiza & Rigobon, 2024). 이는 AI가 곧 '인간다움'의 재조명을 이끌 것임을 뜻한다. 글로벌 채용 플랫폼 보고에 따르면, 2024년 AI 관련 신규 직군의 채용 공고 수는 1년 사이 두 자릿수 이상(최소 59~61%) 증가했으며, 이는 전통적 직무 중심 채용에서 AI 역량 기반 채용으로의 전환을 보여 준다(LinkedIn, 2025; UMD & LinkUp AI Maps, 2025). 단순한 유행이 아닌 구조적 전환이 일어나고 있으며, 기술 그 자체보다 '인간 중심의 해석력'을 지닌 인재가 점점 더 중요해지고 있는 이유다.

역량 중심 커리어 전략: 기술보다 중요한 것

AI 시대의 커리어 전략은 점점 더 '기술 역량'보다는 '사고 역량'을 기반으로 해서 재편되고 있다. 단순한 툴 사용 능력보다는, 문제 해결력, 비판적 사고, 감정 조절력, 윤리적 판단력처럼 자동화하기 어려운 역량이 핵심 경쟁력이 되고 있다.

하버드 경영대학원의 에이미 에드먼슨 교수는 "지속 가능한 커리어는 기술 숙련보다 불확실성을 대하는 태도와 학습 민첩성에서 비롯된다"라고 말한다(Edmondson & Mortensen, 2021). 예기치 못한 기술 변화에 유연하게 반응하고, 실수를 학습 자산으로 전환할 수 있는 사람만이 빠르게 진화하는 환경에서 생존할 수 있다.

스탠퍼드 디지털경제연구소(Stanford Digital Economy Lab)의 에릭 브리뇰프슨(Erik Brynjolfsson) 교수는 기술 혁신이 가속화될수록 인간은 '느리게 생각하는 능력(Slow Thinking)', 즉 깊이 있는 숙고와 비판적 판단을 발전시켜야 한다고 강조하며, AI와의 보완 관계를 유지하는 핵심 요소라고 설명한다(Brynjolfsson, 2022). 이는 깊이 있는 사고와 메타인지, 직관과 감성적 통찰력이 인간의 미래 경쟁력이라는 역설적인 주장이다. 이와 같은 '정성적 사고력'은 자동화할 수 없으며, 커리어의 내

구성을 결정짓는다.

조직 안에서의 이동 전략: 수평적 전환의 시대

과거에는 승진과 직무 이동이 수직적인 경로를 중심으로 이루어졌지만, AI와 유연한 역할 구조의 도입은 이제 '수평 이동(Horizontal Mobility)'을 핵심 전략으로 끌어올리고 있다. 동일한 조직 내에서 다양한 프로젝트에 참여하거나, 기존 직무에서 AI 관련 역할로 전환하는 것이 하나의 커리어 성장 경로가 된다.

마이크로소프트는 2023년부터 '스킬 중심 배치 시스템(Skill-based Deployment System)'을 도입하여 구성원이 프로젝트 단위로 자신의 역할을 실험할 수 있도록 설계하고 있다. 이 시스템은 특정 직무에 갇히지 않고 자신의 기술과 흥미를 기반으로 다양한 업무에 도전할 수 있게 만든다.

이러한 구조는 단순한 조직 유연성 확보가 목적이 아니다. 구성원에게 자신의 정체성과 잠재력을 실험할 기회를 제공하며, 커리어 실험장이자 자기 탐색의 장으로서 기능한다. 프로젝트 참여와 역할 변경은 이제 승진 못지않은 성장을 의미한다. IBM, 세일즈포스(Salesforce) 등도 '내부 인재 순환'과 '경험 중심 재배치'를 강화하고 있으며, 이는 인재 유출을 방지하고 조직 몰입을 높이는 전략으로 작동한다.

커리어의 방향을 묻는 질문

기술 변화가 거셀수록 중요한 질문은 "무슨 일을 하고 있는가"가 아니라 "왜 이 일을 하고 있는가"이다. 커리어는 특정 직무의 수행이 아니라, 자신의 가치를 사회에 연결하는 방식이다. 즉 기술을 좇기보다 목적을 설정하고 의미를 재구성하는 사람이 미래의 기회를 얻는다.

《드라이브(Drive)》의 저자 대니얼 핑크(Daniel Pink)는 "지속 가능한 동기는 성과급이 아니라 목적의식에서 비롯된다"라고 말하며, "진정한 커리어 전략은 자신의 내면적 동기를 중심에 둘 때 만들어진다"라고 강조한다.

디자이너 데이비드 켈리(David Kelley)는 "좋은 커리어는 설계되는 것이지, 발견되는 것이 아니다"라고 말했다. 커리어는 문제 해결이자 자기 설계(Self-design)의 과정이다. 자기 서사, 문제의식, 가치를 중심으로 일의 방향을 설정하는 사람은 기술 변화 속에서도 흔들리지 않는다. 이제 질문은 바뀌어야 한다. "무슨 일을 하느냐"가 아니라, "어떤 존재로 일하고 싶으냐"로.

참고문헌

Brynjolfsson, E. et al.(2017). Artificial Intelligence and the modern productivity paradox: A clash of expectations and statistics. National Bureau of Economic Research.

Brynjolfsson, E.(2022). The turing trap: The promise & peril of human_like Artificial Intelligence. Stanford Digital Economy Lab.

Deloitte Insights(2022). The skills-based organization: A new operating model for work and the workforce.

Deloitte Insights(2023). 2023 Global human capital trends.

Edmondson, A. C.(2018). *The fearless organization: Creating psychological safety in the workplace for learning, innovation, and growth.* Wiley.

Edmondson, A. C. & Mortensen, M.(2021.4.19). What psychological safety looks like in a hybrid workplace. *Harvard Business Review.*

Kelley, K. &Kelley, D.(2013). *Creative confidence: Unleashing the creative potential within Us all.* Crown Business.

Kelley, D.(2023). IDEO founder David Kelley shares design lessons from the Stanford d.school. IDEO.

LinkedIn(2025). Work Change Report. https://economicgraph.linkedin.com/content/dam/me/economicgraph/en-us/PDF/Work-Change-Report.pdf

UMD-LinkUp AI Maps(2024). Diffusion of AI jobs across economic sectors. UMD-LinkUp AI Maps. https://www.aimaps.ai/download/whitepaper-sheets/UMD-LinkUp-AI-Maps-AI-JOBS-CREATION_SECTOR-LEVEL-ANALYSIS-Q1-2018-through-Q4-2024-Februar y-1-2025.pdf

Loaiza, I. & Rigobon, R.(2024). The EPOCH of AI: Human-machine complementarities at work. MIT Sloan School of Management.

Loaiza, I. & Rigobon, R.(2025). The limits of AI in financial services.

Pink, D.(2009). *Drive: The surprising truth about what motivates us.* Riverhead Books.

Rathi, A.(2025.3.24). Demand for AI talent in 2024-2025: A global tech job market analysis. LinkedIn Pulse.

Solomon, A.(2012). Design thinking for social good: An interview with David Kelley. Boing Boing.

World Economic Forum(2023). The future of jobs report 2023. https://www.weforum.org/publications/the-future-of-jobs-report-2023/

04
AI 기반 자기 성장 엔진: 개인 역량 강화를 위한 전략과 실제

생성형 AI가 '실행 속도'의 병목을 해결하며, 개인의 경쟁력은 이제 '생각의 질'에서 결정된다. AI를 단순한 실행 도구를 넘어 자신의 가설을 검증하고 전문성을 강화하는 '자기 성장 엔진'으로 활용하는 구체적인 전략과 실제를 탐색한다.

청각장애인과 AI?

기다림에서 실행으로의 전환

과거, 아무리 뛰어난 개인이라도 조직의 시스템과 시간의 제약 앞에서 무력해지곤 했다. 여기서 소개할 한 프로젝트 매니저(PM)의 사례는 비단 기획자만의 이야기가 아니라, AI를 통해 자신의 한계를 넘어서려는 모든 직장인에게 중요한 실마리를 제공할 것이다.

그는 우수 개발자들의 높은 지원 이탈률 문제를 발견하고, '깃허브 계정 연동을 통한 간편 지원'이 해결책이라는 직감을 가졌다. 하지만 이 가설을 증명하고 실현하는 길은 멀고 험했다. 가장 먼저 그는 가설을 뒷받침할 데이터를 확보해야 했다. 데이터 분석 팀에 공식적으로 데이터를 요청하자 시스템은 '예상 소요 시간: 3~5 영업일'이라는 차가운 메시지를 보냈다. 문제의 핵심이 눈앞에 아른거리는데도, 그는 속수무책으로 며칠을 기다려야만 했다. 기다리는 동안 디자인 팀과 개발 팀을 찾아가 아이디어를 설득하는 내부 영업을 시작했지만, 다른 팀의 꽉 찬 일정 속에서 그의 아이디어는 우선순위에서 밀려났다. 창의적 문제 해결에 쏟아야 할 에너지가 내부 조율과 설득 과정에서 소모되고 있었다.

몇 주가 지나 마침내 데이터를 받았을 때, 그의 가설은 정확했음이 증명되었다. 하지만 프로젝트는 이미 초기 추진력을 상당 부분 잃은 상태였다. 그는 결국 현실과 타협하여 자신의 원대한 비전을 '이력서 입력 항목을 줄이는 A/B 테스트'로 축소해야만 했다. 혁신적인 아이디어는 조직의 시스템적 마찰에 의해 점차 마모되어, 주어진 환경에서 '할 수 있는' 최소한의 타협안으로 전락했다.

그러나 생성형 AI의 등장은 이 모든 좌절의 연쇄를 단숨에 끊어 버렸다. 이제 PM은 더 이상 다른 팀의 응답을 초조하게 기다리지 않는다. 데이터 분석이 필요하면 즉시 '텍스트 투 에스큐엘(Text-to-SQL)' 도구에 자연어로 질문을 던져 수 분 만에 인사이트를 얻는다. 동시에 AI 코딩 어시스턴트에게 프로토타입 제작을 지시하고, 또 다른 AI 디자인 도구에게는 사용자 인터페이스(UI) 시안을 만들게 한다. 과거 몇 주에 걸쳐 선형적으로 진행되던 데이터 분석, 설득, 개발, 디자인의 과정이 단 하루 오후에 한 명의 책상 위에서 압축적으로, 그리고 병렬적으로 일어난다. 기다림의 시간은 실행의 시간으로, 소모적인 설득 과정은 창의적인 해결 과정으로 대체되었다. AI는 개인의 잠재력을 가로막던 구조적 한계를 파괴하고 인간의 능력을 증강하는 혁명의 기폭제가 된 것이다(Leonardi, 2024; Brynjolfsson & McAfee, 2014; Acemoglu & Restrepo, 2018).

AI를 이끄는 생각의 힘

이 혁명적인 속도는 단순히 AI가 던져 주는 결과물을 수동적으로 받아 적는 과정에서 비롯되는 것이 아니다. 오히려 그 반대에 가깝다. AI라는 강력한 엔진을 제대로 가동하기 위해서는, 운전대를 쥔 인간의 머릿속이 그 어느 때보다 치열하고 정교하게 작동해야 한다. AI와의 상호작용은 일방적인 명령이 아니라, 고도의 지적 대화에 가깝다(Flavell, 1979).

앞서 데이터 분석을 요청하는 장면을 다시 떠올려 보자. 이 PM은 AI에게 무작정 "개발자 이탈률 알려 줘"와 같은 모호한 질문을 던지지 않았다. 그의 사고는 이미 문제의 본질을 향해 여러 갈래로 뻗어 나가고 있었으며, '단순히 전체 이탈률 수치만 들여다보는 것은 함정에 빠지기 쉽다. 중요한 것은 숫자가 아니라, 그 안에 숨어 있는 사용자 그룹 간의 차이다'는 가설을 세우고 있었다. 그는 질문을 던지기 전에, 이 가설을 더욱 정교하게 다듬고, 검증을 위한 최적의 질문 구조를 설계했다. 다시 말해, AI에게 정답을 요구한 것이 아니라, 자신이 세운 가설을 검토하고 확증하는 데 AI를 능동적으로 활용한 것이다(Sparrow et al., 2011).

AI가 생성한 결과물을 대하는 태도 역시 마찬가지다.

그는 AI가 내놓은 코드나 디자인을 그 자체로 정답이라 여기지 않는다. AI에 대한 과도한 의존은 비판적 사고 능력을 저하할 수 있다는 위험을 경계하고 있기 때문이다(Fisher & Keil, 2016). 예를 들어 AI 코딩 어시스턴트가 제시한 프로토타입 코드 앞에서 PM의 진짜 업무는 그때부터 시작된다. 그는 코드를 빠르게 훑어보며 단순히 기능 구현 여부를 점검하는 데 그치지 않고, 실제 서비스에 적용될 경우 발생할 수 있는 잠재적 문제를 예리하게 파고든다. '에이피아이(API) 인증 키가 소스 코드에 그대로 노출되어 있군. 심각한 보안 허점이다', '데이터를 불러 오는 동안 로딩 스피너가 없다면, 사용자가 이탈할 수 있다'와 같은 것이다. 그는 즉시 AI에게 후속 지시를 내려 보안 허점을 보완하고, 사용자 경험의 디테일을 촘촘히 채워 넣는다. 이러한 역량은 AI가 대신할 수 없는, 오직 해당 분야에 대한 깊은 이해와 애정을 지닌 인간 전문가만이 발휘할 수 있는 것이다.

협업, 요청자에서 파트너로

한 명의 PM이 이렇게 '슈퍼맨'처럼 일하게 되었을 때, 기존 팀원들의 역할이 축소될 것이라는 우려는 기우에 불과하다. 현실은 정반대의 양상으로 나타난다. AI로 강화된 PM의 등장은 동료 전문가들의 역할을 위축하는 것이 아니라, 오히려 그들의 가치를 더욱 높은 수준으로 끌어올리고, 팀 전체의 협업은 '요청자와 실행자'의 관계에서 '전략적 파트너' 관계로 근본적으로 변화한다. AI는 일자리를 소멸시키는 것이 아니라, 그 역할의 전환을 가져온다(Autor, 2015; Jarrahi, 2018).

과거의 협업은 대부분 수십 페이지에 달하는 기획서와 정적인 이미지로 시작되었다. 하지만 AI로 무장한 PM과의 협업은 시작점부터 다르다. 이제 PM은 실제 작동하는 프로토타입을 보여 주며 논의를 시작한다. "여기 제가 AI로 구현해 본 프로토타입이 있습니다. 이 기능을 실제 우리 서비스의 복잡한 아키텍처에 안정적으로 통합하려면, 어떤 기술적 과제들을 해결해야 할지 시니어 개발자분들의 깊이 있는 조언을 구하고 싶습니다." 이 순간 개발자의 역할은 '기획서를 해석하는 실행자'에서 '설루션을 함께 설계하는 아키텍트'로 격상된다.

디자이너와의 협업 역시 마찬가지다. PM은 AI가 생성한 세 가지의 완성도 높은 디자인 시안을 들고 디자이너와 마주 앉는다. "AI를 활용해 이런 방향의 시안들을 만들어 봤습니다. 우리 브랜드 정체성을 고려했을 때, 어떤 방향으로 더 발전하는 것이 가장 좋을까요?" 디자이

너는 이제 기초적인 시안 제작에서 해방되어, 브랜드의 철학을 담아내고 사용자의 감성을 터치하며 미적인 완성도를 끌어올리는 '브랜드 경험 전략가'로 진화한다.

새로운 병목과 인간의 궁극 역량

AI가 실행 속도의 병목을 해결하자, 조직의 성장을 가로막는 새로운 병목이 드러났다. 바로 '아이디어의 질' 그 자체다. 자동차의 엔진 성능이 아무리 좋아져도, 운전자가 어디로 가야 할지 목적지를 모르면 그 속도는 무의미함을 넘어 재앙이 된다. AI라는 강력한 엔진을 손에 쥔 지금, 우리에게 가장 중요해진 것은 바로 '무엇을 만들 것인가?', '왜 만들어야 하는가?'를 정의하는 능력이다. 컴퓨터 과학계의 오랜 격언인 '쓰레기를 넣으면, 쓰레기가 나온다(Garbage In, Garbage Out)'는 AI 시대에 그 어느 때보다 더 큰 울림을 준다. 가치 없는 질문이나 잘못된 가설을 넣으면, 그럴듯하게 포장된 거대한 쓰레기를 순식간에 만들어 내며 조직을 잘못된 길로 이끌 위험 또한 증폭된다.

따라서 AI 시대에 요구되는 궁극적인 역량은, 아이러니하게도 기술을 다루는 능력을 넘어선다. 그것은 바로 더 본질적이고 인간적인 능력들이다. 첫째, 산업과 고객에 대한 '깊이 있는 도메인 지식'이다. 둘째, AI가 제시하는 답변을 맹목적으로 신뢰하지 않고 사실과 오류, 편향성을 구분하는 '날카로운 비판적 사고' 능력이다(Chaudhry & Kazim, 2022). 마지막으로, 모든 결과에 대한 '최종 책임자'로서의 윤리 의식이다. AI는 도구일 뿐, 그 도구를 사용하는 것에 대한 책임까지 져 주지는 않는다(Floridi & Cowls, 2019).

결론적으로 AI라는 자기 성장 엔진은 우리를 더 빠르고 유능하게 만들지만, 그것이 우리를 더 '현명하게' 만들어 주지는 않는다. AI 시대의 진정한 승자는 단순히 AI를 잘 '사용하는' 사람이 아니다. 오히려 AI의 강력한 힘 앞에서 한 걸음 물러서서, 깊이 있는 전문성과 비판적 사고를 바탕으로 '무엇이 옳은 질문인가'를 정의하고, 그 결과에 대해 온전히 책임질 수 있는 사람이다. 미래는 AI를 조종하는 인간에게 있는 것이 아니라, AI와 함께 지혜롭게 항해하는 인간에게 열려 있다.

참고문헌

Acemoglu, D. & Restrepo, P.(2018). The race between man and machine: Implications of technology for growth, factor shares, and employment. *American Economic Review, 108*(6), pp.1488~1542.

Autor, D. H.(2015). Why are there still so many jobs? The history and future of workplace automation. *Journal of Economic Perspectives, 29*(3), pp.3~30.

Brynjolfsson, E. & McAfee, A.(2014). *The second machine age: work, progress, and prosperity in a time of brilliant technologies.* W. W. Norton & Company.

Chaudhry, M. A. & Kazim, E.(2022). Artificial intelligence in education (AIEd): A high-level academic and industry note. *AI and Ethics, 2,* pp.157~165.

Fisher, M. & Keil, F. C.(2016). The curse of expertise: When more knowledge leads to miscalibrated explanatory insight. *Cognitive Science, 40*(5), 1251~1269.

Flavell, J. H.(1979). Metacognition and cognitive monitoring: A new area of cognitive-developmental inquiry. *American Psychologist, 34*(10), pp.906~911.

Floridi, L. & Cowls, J.(2019). A unified framework of five principles for AI in society. *Harvard Data Science Review, 1*(1).

Jarrahi, M. H.(2018). Artificial intelligence and the future of work: Human-AI symbiosis in organizational decision making. *Business Horizons, 61*(4), pp.577~586.

Leonardi, P. M. et al.(2024). Generative AI knowledge work: Design implication for data navigation and decision-making. arXiv. https://arxiv.org/htmi/2503.18419v1

Sparrow, B. et al.(2011). Google effects on memory: Cognitive consequences of having information at our fingertips. *Science, 333*(6043), pp.776~778.

05

AI, 잠재력을 현실로: 회의론자를 위한 AI 활용 가이드

AI에 대한 막연한 불안감과 회의론을 가진 직장인들을 위한 실용 가이드. 엉성한 질문으로 실패하는 단계를 넘어, AI를 '전문가 오케스트라'처럼 지휘하며 잠재력을 현실의 성과로 바꾸고 자신의 기여를 증명하는 구체적인 활용 전략을 제시한다.

AI 콘텐츠 크리에이터?

실패는 당연하다, 질문이 엉성했으니

AI가 세상을 바꾼다는 거창한 구호 속에서, 큰맘 먹고 생성형 AI를 써 봤지만 어설픈 결과물에 실망하며 '역시 쓸모없군'이라는 결론을 내린 경험은 수많은 직장인의 통과의례와 같다.

10년 차 베테랑 최 PM도 예외는 아니었다. 그는 매주 월요일 오전이면 2시간 넘게 씨름해야 했던 주간 업무 보고서 작성 시간을 AI를 통해 획기적으로 단축하리라 기대했다. 그는 AI에게 마치 숙련된 부사수에게 지시하듯 명령했다. "지난주 성과 데이터로 보고서 초안 작성해 줘. 알지? 평소처럼 깔끔하게." 하지만 그의 화면에 나타난 결과는 처참했다. 실제 데이터는 단 하나도 반영되지 않은 채 "영업팀은 목표 달성을 위해 노력했다"와 같은 공허한 문장들만 나열되었고, 그가 늘 지켜온 보고서의 핵심 형식과 톤은 완전히 무시되었다.

이는 AI를 전지전능한 마법 상자로 오해한 데서 비롯한 예견된 실패였다. AI에 어떤 질문과 데이터를 제공하는지에 따라 결과물의 질이 극명하게 달라진다는 사실을 간과했다. 좋은 질문이 좋은 답을 만든다는 것은 AI 시대에 더욱 강력해진 진리다.

최 PM의 실패는 AI의 성능 문제가 아니었다. 그는 AI

가 당연히 알아야 할 정보(내부 데이터)와 따라야 할 규칙(자신만의 양식)이라는 핵심 '맥락'을 제공하지 않은 채, 그저 '알아서 잘해 달라'는 식의 막연한 기대를 던졌을 뿐이다. 이 한 번의 실패 경험은 조직 내에 만연한 회의적인 문화 속에서 더욱 견고한 불신으로 굳어졌다. 디트보르스트(Dietvorst)의 연구가 지적하는 '알고리즘 회피(Algorithm Aversion)' 현상처럼, 사람들은 AI가 생성한 결과물이 잠재적으로 유용할 수 있음에도, 그 결과물을 만든 AI의 근본적인 역량 자체는 낮게 평가하고 불신하는 경향이 있다(Böhm et al., 2025). 이러한 심리적 편향은 동료나 상사의 반응을 통해 증폭된다.

그의 상사가 "거봐, 중요한 일은 사람이 직접 숫자를 보면서 그 의미를 곱씹어야 진짜 보고서가 되는 거야"라며 맞장구를 치자, 최 PM은 자신의 섣부른 시도가 오히려 부끄럽게 느껴졌다. 이 말은 그에게 일종의 면죄부가 되어 주었고 또 안도감을 주었다. 그는 자신의 실패 원인을 '질문의 방식'이라는 더 어려운 문제에서 찾기보다, 'AI의 본질적 한계'라는 더 쉬운 답으로 규정하며 스스로를 합리화했다. 켈로그 외(Kellogg et al., 2020)의 연구가 보여 주듯, 이처럼 리더십의 지원이 부재하고 기존 방식에 대한 고수가 팽배한 환경은 AI 도입을 가로막는 가장 강력한 조직적 장벽으로 작용한다. 결국 최 PM은 AI에 대한 관심을 완전히 꺼 버렸다. 이 사례는 수많은 직장인들이 잠재력의 입구에서 스스로 문을 닫아 버리는 과정을 압축적으로 보여 준다.

지휘자처럼 AI를 다루다

최 PM이 낡은 방식에 머무는 동안, 동료 이 PM은 2주가 걸릴 법한 '신규 서비스 시장 분석' 과제를 AI와 함께 단 이틀 만에 완성도 높게 끝마쳤다. 충격받은 최 PM에게 이 PM은 자신의 비결을 설명했다. "이건 마법이 아니라 지휘입니다. 저는 AI를 조수가 아닌, 전문가들로 구성된 오케스트라라고 생각하고 제가 직접 지휘합니다." 그의 방식은 인간-컴퓨터 상호작용(HCI) 분야에서 강조하는 '공동 창작(co-creation)' 모델과 정확히 일치한다(Moruzzi & Margarido, 2024).

그의 지휘법은 세 단계로 나뉜다. 첫째, 명확한 역할을 부여한다. '너는 10년 차 서비스 기획 전문가다'처럼 구체적인 페르소나를 입히는 것이다. 이는 AI의 답변을 일반적 나열에서 전문가의 통찰 수준으로 끌어올린다(Goel et al., 2023). 둘째, 양질의 재료를 제공한다. 관련 보고서, 내부 데이터, 기사 링크 등 풍부한 맥락을 제공할수록 AI의 답변은 똑똑해진다(Shin et al., 2024). 셋째, 끊임없이 비판하고 되묻는다. AI의 첫 답변을 정답으로 여기지 않고, '근거는?', '위험 요소는?', '다시 써 봐'처럼 대화를 주고받으며 결과물을 함께 다듬는 것이다.

이러한 반복적인 개선 과정은 성공적인 결과물 도출의 핵심 요소다. 이 PM의 방식은 단순 업무 개선이 아닌, 기존 업무 프로세스 자체를 재정의하는 '파괴적 혁신'이었다.

AI 활용을 성과로 전환하기

최 PM의 머릿속에 마지막으로 스친 의문은 모든 직장인이 현실적으로 마주할 가장 큰 장벽일 것이다. '그렇게 AI가 대부분의 일을 했는데, 다른 사람들이 그걸 온전히 내 성과로 인정해 줄까? 그저 편하게 일했다는 시선은 어떻게 감당해야 하지?' 이 불안감은 AI의 효율성이 오히려 자신의 가치를 떨어뜨릴 수 있다는 두려움에서 기인한다.

이 질문에 대한 이 PM의 대답은, AI 시대를 살아갈 우리 모두를 위한 세 번째 가이드였다. "아주 중요한 질문입니다. 그래서 저는 절대 최종 결과물만 공유하지 않아요. 그랬다간 정말 AI가 한 일처럼 보이고, 저는 그저 버

튼 누른 사람이 되겠죠. 저는 AI를 활용한 '전략적인 과정' 전체를 투명하게 증명합니다." 그는 자신의 업무 방식을 구체적으로 보여 주었다. 완성된 기획안을 발표할 때, 그는 항상 핵심적인 AI와의 대화 기록을 부록으로 첨부했다. 그 기록에는 그가 AI에게 어떤 역할을 부여하고, 어떤 데이터를 제공했으며, AI가 내놓은 평범한 초안에서 어떤 논리적 허점을 발견하여 어떻게 날카롭게 바로잡았는지가 명확히 드러나 있었다. 그의 기여는 단순히 '생성하기' 버튼을 누른 행위가 아니었다.

그의 진짜 기여는 AI가 엉뚱한 길로 갈 때마다 방향을 틀어 준 그의 '전문성'이었고, AI가 놓친 비즈니스의 미묘한 맥락을 채워 준 그의 '통찰력'이었으며, AI가 무분별하게 뱉어 낸 수많은 아이디어 속에서 진짜 보석을 가려낸 그의 '비판적 사고'였다. 그는 AI를 활용함으로써 '나의 지성과 경험이 이 결과물을 어떻게 빚어냈는가'를 증명했고, 이를 통해 'AI가 한 일'을 '나의 고유한 성과'로 완벽하게 전환했다.

이러한 접근법은 AI 생성물의 저작권에 대한 법적 기준과도 맥을 같이한다. 미국 저작권청(U.S. Copyright Office, 2025)에 따르면, 단순히 프롬프트를 입력하는 것을 넘어, 인간이 AI 생성물을 창의적으로 '선택, 조정, 배

열'하거나 상당한 수정을 가했을 때 비로소 인간의 독창적인 저작물로 인정받을 수 있다.

모든 의문이 풀린 최 PM은 다시 자신의 자리로 돌아와, 자신을 괴롭히던 주간 업무 보고서에 도전했다. 이번에는 명확한 역할 부여, 데이터 제공, 비판적 대화를 통해 2시간 걸리던 일을 단 15분 만에 끝냈다. 노이와 장(Noy & Zhang, 2023)의 실험에서 증명되었듯, 이러한 생산성의 극적인 향상은 결코 과장이 아니다. AI 활용은 단순 작문 과제의 소요 시간을 평균 37% 단축하고, 결과물의 품질은 오히려 향상했다. 하지만 진짜 변화는 시간을 단축한 그 이후에 찾아왔다. 그는 남은 1시간 45분 동안 무엇을 했을까? 멍하니 커피를 마시며 시간을 보낸 것이 아니었다. 그는 그 시간에 지난 분기 내내 미뤄 두었던 '장기적인 서비스 개선 아이디어'를 스케치하기 시작했다. 반복적인 데이터 취합과 정리 업무에서 해방되자, 비로소 더 본질적이고 창의적인 일을 할 수 있는 귀중한 시간과 정신적 여유가 생긴 것이다. 이것이 바로 AI가 가져다주는 생산성 향상의 진짜 모습이자, 우리가 추구해야 할 궁극적인 목표다.

낡은 지도를 버리고 새 대륙으로

최 PM의 변화는 AI 시대 직장인의 보편적 여정을 보여 준다. 이제 경쟁력은 성실한 '실행'이 아닌, AI라는 엔진을 이끌고 갈 인간 고유의 전문성, 비판적 사고, 전략적 질문 능력에서 나온다. 하버드 경영대학원의 연구에서도 AI가 인간을 정형화된 업무에서 해방해서 새로운 아이디어를 탐색하는 창의적 활동으로의 전환을 촉진한다고 확인했다(Hoffmann et al., 2025).

특히 브리뇰프슨 외(Brynjolfsson et al., 2023)의 연구는 AI가 신입이나 저 숙련 작업자의 생산성을 비약적으로 향상해서(최대 34%) 조직 내 기술 격차를 줄이는 효과가 있음을 보여 준다. 이는 선임자의 역할이 지식의 보유자가 아닌, AI 오케스트라를 지휘하는 멘토이자 전략가로 변화해야 함을 시사한다. AI는 당신의 일을 빼앗는 위협이 아니라, 당신을 반복 업무의 감옥에서 해방하여 더 높은 차원의 전문가로 성장하게 할 가장 강력한 파트너다. 두려움과 불신이라는 낡은 지도를 버릴 때, 비로소 당신의 커리어에 새로운 성장의 대륙이 모습을 드러낼 것이다.

참고문헌

Böhm, R. et al.(2025). People devalue generative AI's competence but not its advice in addressing societal and personal challenges. *Communications Psychology.*

Brynjolfsson, E. et al.(2023). Generative AI at work (NBER Working Paper No. 31161). National Bureau of Economic Research.

Dietvorst, B. J. et al.(2015). Algorithm aversion: People erroneously avoid algorithms after seeing them err. *Journal of Experimental Psychology: General, 144*(1), 114~126.

Dietvorst, B. J. et al.(2018). Overcoming algorithm aversion: People will use imperfect algorithms if they can (even slightly) modify them. *Management Science.* https://www.researchgate.net/publication/324597789_Overcoming_Algorithm_Aversion_People_Will_Use_Imperfect_Algorithms_If_They_Can_Even_Slightly_Modify_Them

Goel, V. et al. (2023). Preparing future designers for human-AI collaboration in persona creation. *Proceedings of the ACM on Human-Computer Interaction, 7(CSCW2)*, 1~27.

Haslam, N.(2023). Overcoming our psychological barriers to embracing AI. Nature Human Behaviour.

Hoffmann, M. et al.(2025). Generative AI and the nature of work (HBS Working Paper No. 25-021). Harvard Business School.

Kellogg, K. C. et al.(2020). Algorithms at work: The new contested terrain of control. *Academy of Management Annals, 14*(1), 366~410.

Moruzzi, C. & Margarido, S.(2024). A user-centered framework for human-AI co-creativity. In Extended Abstracts of the 2024 CHI Conference on Human Factors in Computing Systems (CHI EA'24).

Noy, S. & Zhang, W.(2023). Experimental evidence on the productivity effects of generative AI. *Science, 381*(6654), 187~192.

Shin, J. et al.(2024). Understanding human-AI workflows for generating personas. In Proceedings of the 2024 ACM Designing Interactive Systems Conference (DIS'24).

Steffen, J. et al.(2025). Resistance to generative AI: Investigating the drivers of non-use. In Proceedings of the 58th Hawaii International Conference on System Sciences.

U.S. Copyright Office.(2025). Copyright and artificial intelligence, Part 2: Copyrightability.

Zhang, Y. et al.(2025). Legal regulation of AI-assisted academic writing: challenges, frameworks, and pathways. *Frontiers in Artificial Intelligence*, 8.

06
직급별 AI 활용 심층 전략 1: 주니어의 AI 기반 성장 및 문제 해결 능력 향상

기업이 주니어에게 '실행가'가 아닌 '문제 해결사'의 역할을 기대하는 시대. AI를 24시간 나만의 사수이자 파트너로 삼아 학습하고, '설루션 포트폴리오'를 통해 스스로 경험을 쌓아 자신의 잠재력과 가치를 증명하는 새로운 생존 전략을 제안한다.

AI와 민주주의?

실행가에서 문제 해결사로의 전환

과거 기업이 주니어, 즉 신입 사원에게 기대했던 역할은 회의록 작성, 자료 조사, 기초 코드 작성 등 비교적 명확하고 정형화된 업무를 신속하게 처리하는 것이었다. 이는 수십 년간 기업에서 당연하게 여겨졌던 인력 양성의 공식이자 관행이었다. 주니어는 이 과정을 거치며 조직의 시스템과 일하는 방식을 체득했고, 조직은 낮은 비용으로 인력을 활용하며 양측의 필요를 자연스럽게 충족해 왔다. 당시에는 성실함과 빠른 습득력이 주니어가 갖춰야 할 가장 중요한 미덕으로 여겨졌고, 그 자체로 채용과 성장의 기준이 되었다.

그러나 AI 시대는 이 오랜 공식을 뿌리부터 흔들고 있다. 생성형 AI를 비롯한 AI 기술은 눈부신 속도로 발전하며, 과거 주니어가 수행해 오던 핵심 업무 영역을 빠르게 대체하고 있다. 이제는 단 몇 초 만에 완성도 높은 회의록을 요약하고, 방대한 양의 데이터를 분석해 인사이트를 도출하며, 초급 개발자 이상의 속도로 오류 없는 코드를 자동 생성하는 것이 가능해졌다.

실제로 하버드 경영대학원의 연구에 따르면, 생성형 AI 도입 이후 자동화 가능성이 높은 직무군에서 신규 채용 공고가 눈에 띄게 감소한 것으로 나타났다(Kogan et al., 2024). 국제통화기금 또한 AI가 시장 조사 분석가의 업무 중 50% 이상을 대체할 수 있을 것으로 예측하며, 이러한 변화가 특히 주니어 직급에 큰 영향을 미치고 있다고 분석했다(International Monetary Fund, 2024). 즉 기업 입장에서는 지치지도, 불평하지도 않으며, 훨씬 저렴한 비용으로 높은 생산성을 내는 AI가 있는데 굳이 인간 주니어를 채용해야 할 경제적 유인이 빠르게 사라지고 있는 것이다.

이러한 변화는 채용 시장의 기대치를 근본적으로 바꾸고 있다. 기업은 이제 '주어진 일을 신속하게 처리하는 능력'을 기본값으로 간주하며, 이는 더 이상 인간이 아닌 AI의 역할로 여겨지고 있다. 반면 인간 주니어에게는 단순히 주어진 과제를 수행하는 '실행가(Doer)'의 역할을 넘어, 문제를 스스로 정의하고 복잡한 맥락 속에서 해법을 설계하는 '문제 해결사(Solver)'의 역량이 요구된다. 문제 해결사는 명확하게 주어진 과제를 수행하는 수준을 넘어서, 조직이 아직 인식하지 못한 비효율이나 기회를 포착하고 이를 능동적으로 제안하는 사람이다. "최근 고객 데이터를 보면 이탈 징후가 감지되는데, 그 원인을 분석하고 해결 방안을 제안하는 프로젝트를 시작해 보면 어떨까요?"와 같은 질문을 던질 수 있는 사람인 것이다. 이처럼 문제 해결사는 단순한 실행력이 아닌 기획력과 주도성, 그리고 전략적 사고를 기반으로 새로운 변화를 이끄는 존재다.

AI 시대의 인재는 필연적으로 비판적 사고력, 창의성, 복합적 문제 해결 능력을 핵심 역량으로 요구받는다(Su et al., 2024; Alamu, 2025). 결국 주니어의 생존은 이렇게 요약된다.

> "나는 AI가 할 수 없는 방식으로 문제를 정의하고 해결할 수 있습니다."

이 문장을 증명하는 능력이, 앞으로의 커리어를 결정짓게 될 것이다.

경험을 증명하는 설루션 포트폴리오

"회사가 나를 뽑아 주지 않으면 어디서 경험을 쌓는가?" 라는 과거의 질문은 이제 바뀌어야 한다. 오늘날의 질문은 이렇다:

> "어떻게 나만의 경험을 스스로 만들어 내고, 그것을 증명할 것인가?"

그 해답은 '회사'가 아닌 '문제'에서 커리어를 시작하는 새로운 패러다임, 즉 경험을 먼저 쌓고 그 경험으로 입사의 문을 여는 방식에 있다. 예컨대 '동네 소상공인을 위한 온라인 홍보 채널'이라는 문제를 발견했다면, 이를 해결하기 위한 개인 프로젝트를 직접 기획하고 실행해 볼 수 있다. 예를 들어 AI에게 다음과 같은 프롬프트를 줄 수 있다.

> "당신은 스타트업 멘토입니다. 동네 빵집을 위한 초지역적 마케팅 플랫폼 구축 프로젝트의 린 캔버스(Lean Canvas)를 작성하고, 주요 리스크와 4주짜리 최소 기능 제품(MVP) 개발 타임라인을 제안해 주세요."

이처럼 명확한 역할과 목표를 AI에게 부여하면, 프로젝트의 전체 로드맵을 그리는 데 도움을 받을 수 있다. 이후에는 AI에게 기획안, 코드, 디자인 시안, 홍보 문구 등을 단계별로 요청하고, 실제 결과물을 만들어 내는 전 과정을 스스로 해 보는 것이다. 이때 사용자가 주도권을 쥐고 문제를 정의하고 실행하며 완성해 가는 일련의 흐름은 곧 자신의 무기가 된다.

이러한 자기 주도적 프로젝트는 데이비드 콜브(David

Kolb)가 제시한 경험 학습 이론의 네 가지 단계 – '구체적 경험 → 성찰적 관찰 → 추상적 개념화 → 능동적 실험' – 를 자연스럽게 따르는 체계적인 학습 과정이다(Kolb, 1984). 단순한 지식 소비에서 벗어나, 실제 행동을 통한 깊이 있는 배움이 일어나는 것이다.

이렇게 완성된 '설루션 포트폴리오'는 경제학의 신호 이론(Signaling Theory) 관점에서 보았을 때, 단순한 이력서 한 줄보다 훨씬 더 강력하고 신뢰도 높은 '신호'로 작용한다. 예를 들어 '마케팅 인턴 3개월'이라는 경력은 구체적으로 어떤 문제를 풀었고, 어떤 결과를 냈는지 알기 어렵다. 하지만 '소상공인 홍보 웹사이트 구축' 프로젝트는 문제 정의, AI 활용, 실행력, 결과 창출 능력까지 입체적으로 보여 준다. 이는 단순한 경력을 넘어, 실제 역량을 입증하는 살아 있는 증거다. 그리고 그것이야말로 채용 시장에서 기업이 주목하게 되는 결정적 요소가 된다.

AI, 나만의 24시간 성장 파트너

스스로 프로젝트를 시작했다면, 다음 단계는 AI를 단순한 도구가 아니라 성장을 가속하는 '개인 사수'로 활용하는 것이다. 과거에는 회사를 통해 입사해야만 선배의 가

르침과 피드백을 받을 수 있었지만, 이제는 AI 덕분에 그 역할을 24시간, 언제 어디서든 수행할 수 있게 되었다. AI는 다음 세 가지 차원에서 주니어에게 훌륭한 개인 사수로 기능한다.

첫째, AI는 나에게 최적화된 '지식 튜터'가 된다. 프로젝트의 구체적인 맥락을 담아 예컨대 "마케팅을 전공하지 않은 내가, 동네 빵집의 웹사이트 검색 엔진 최적화(SEO)를 위해 '롱테일 키워드' 전략을 이해하고 싶어. 이 개념을 쉽게 설명해 주고, 우리 지역에 적합한 키워드 예시 5가지를 알려 줘"처럼 복잡하고 맥락 있는 질문을 던지더라도, AI는 나의 수준과 목표에 맞춘 맞춤형 지식을 제공한다. 실제로 한 연구에 따르면, 생성형 AI의 도움을 받은 신입 직원들의 생산성이 평균 34% 향상된 것으로 나타났다. 이는 AI가 기존에는 오직 사수만이 전달할 수 있었던 경력 기반의 암묵적 지식까지 효과적으로 전할 수 있음을 보여 준다(Brynjolfsson et al., 2023).

둘째, AI는 실전 감각을 길러 주는 '가상 시뮬레이터' 역할을 한다. AI에게 면접관이나 까다로운 고객의 역할을 부여하면, 부담 없이 무한히 실전 연습을 해 볼 수 있다. 예를 들어 "당신은 제 프로젝트에 투자를 고려 중인 까다로운 벤처 투자자입니다. 제가 3분간 발표를 하겠습니다. 사용자 확보 전략과 시장 규모 추정에 대해 날카로운 질문 세 가지를 주세요"라고 설정하면, 실제 프레젠테이션 상황을 가상으로 재현하며 논리의 빈틈을 점검하고 설득력을 높이는 훈련이 가능하다. PwC의 연구에 따르면, 가상현실(VR)을 활용한 소프트 스킬 훈련은 전통적인 교실 교육보다 학습 속도가 4배 빠르고, 학습자의 자신감을 275% 향상하는 효과가 있었다(PwC, 2020). AI를 활용한 시뮬레이션 역시 이러한 몰입형 학습의 연장선으로, 학습자의 실전 역량을 한층 끌어올린다.

셋째, AI는 사고를 넓히는 '전략적 파트너'가 된다. 예를 들어 "내가 제안한 이 웹사이트 기능의 잠재적 리스크는 뭘까? 내가 놓친 반대 의견이나 대안을 '악마의 변호인(Devil's Advocate)' 시점에서 제시해 줘"라고 요청하면, AI는 확증 편향에서 벗어나 다양한 관점과 변수들을 제시해 준다. 이는 인간이 흔히 빠지는 인지적 편향을 보완하고, 문제를 다각도로 바라보게 해 주며, 창의적 사고를 확장하는 데 큰 도움을 준다. 실제로 관련 연구에 따르면, AI 기반 협업은 사람들의 아이디어 품질과 다양성을 높이는 데 기여하며(Weber et al., 2024), 이는 복잡한 문제 해결에 필요한 사고 능력을 훈련하는 효과적인 방법이 된다.

AI 협업 능력으로 나의 가치 증명하기

스스로 역량을 길렀다면, 마지막 단계는 바로 이것이다.

"나는 AI가 대체할 수 없는 문제 해결자입니다."

이 사실을 잠재적 고용주에게 구체적이고 설득력 있게 증명하는 일. 그리고 그 가장 강력한 무기는 앞서 만들어 둔 '설루션 포트폴리오'다.

포트폴리오를 제시할 때는 단순히 결과물을 나열하는 것에 그쳐서는 안 된다. 중요한 것은 그 결과물이 어떻게 나왔는가, 즉 '어떤 문제를 왜, 어떻게 해결했는가'라는 스토리를 담아내는 것이다. 특히 AI를 어떻게 활용했는지 – 어떤 질문을 던졌고, 어떤 답을 받았으며, 그 답변을 어떻게 비판적으로 수용하고, 최종적으로 어떤 결정을 내렸는지 – 를 명확히 보여 주는 것이 핵심이다. 예컨대 다음과 같이 설명할 수 있다:

"AI가 생성한 홍보 문구가 너무 평범하게 느껴졌습니다. 그래서 타깃 고객인 Z세대의 감성에 맞추기 위해, 최신 밈과 유행어를 반영한 프롬프트로 수정했습니다. 그 결과 초기 문구보다 클릭률이 20% 높은 광고 카피를 만들 수 있었습니다."

이처럼 단순히 AI를 '썼다'는 것을 넘어서, AI의 한계와 편향을 이해하고 스스로 개선해 내는 비판적 사고력, 즉 '비판적 AI 리터러시(Critical AI Literacy)'를 갖췄다는 것을 보여 주는 것이다.

그리고 이 모든 것을 종합해 가장 강하게 드러낼 수 있는 순간이 바로 면접이다.

"저는 이 문제를 해결하는 과정에서 AI와 이런 대화를 나눴고, 그 과정에서 이런 인사이트를 얻었습니다."

이 말을 자신 있게 꺼내고, 그 과정을 담은 포트폴리오를 함께 보여 줄 수 있다면, 지원자는 단연 눈에 띌 수밖에 없다. 그것은 단순히 태도나 잠재력을 보여 주는 것이 아니라, 실제로 문제를 정의하고 해결해 본 사람만이 말할 수 있는 증거이기 때문이다.

결국 AI 시대의 주니어가 자신의 가치를 증명하는 방법은 명확하다. AI를 활용해 스스로 지식을 축적하고, 문제를 정의하고 해결하며, 그 모든 과정을 설득력 있는 '나의 이야기'로 전환하는 것. 그 이야기야말로 오늘날 커리어 시장에서 가장 강력한 경쟁력이 된다.

참고문헌

Alamu, R.(2025). Human-AI collaboration: The future of work and leadership in the AI era. ResearchGate. Pre-print.

Brynjolfsson, E. et al.(2023). Generative AI at work. NBER Working Paper No. 31161.

International Monetary Fund. (2024). Gen-AI: Artificial Intelligence and the future of work. IMF Staff Discussion Note, SDN/2024/001.

Kogan, L. et al.(2024). Measuring the labor market impact of AI. NBER Working Paper No. w33509.

Kolb, D. A.(1984). *Experiential learning: Experience as the source of learning and development.* Prentice-Hall.

PwC. (2020). PwC's study into the effectiveness of VR for soft skills training. PwC.

Su, Y. et al.(2024). Generative Artificial Intelligence amplifies the role of critical thinking skills and reduces reliance on prior knowledge while promoting in-depth Learning. *Education Sciences, 15*(5), 554.1

Weber, S. et al.(2024). Designing successful human-AI collaboration for creative-problem solving in architectural design. *Proceedings of the 45th International Conference on Information Systems (ICIS 2024).*

07

직급별 AI 활용 심층 전략 2: 주니어 · 시니어의 AI 기반 의사 결정 및 팀 관리 역량 강화

AI 도입의 성패를 결정하는 중간 관리자는 이제 팀의 감독관이 아닌 '시스템 설계자'가 되어야 한다. 저항과 오용 사이에서 팀원을 코칭하고, 데이터로 경영진을 설득하며, 실험의 문화를 조성하여 인간과 AI의 시너지를 극대화하는 리더십을 다룬다.

AI와 애니메이션?

저항과 오용 사이, 팀원 코칭 전략

AI 도입의 성패는 결국 팀원의 수용성에 달려 있다. 그러나 현장에서 리더는 종종 두 가지 상반된 도전에 동시에 직면한다. 하나는 기술을 신뢰하지 않는 저항, 다른 하나는 AI를 지나치게 맹신하여 발생하는 오용이다.

먼저 자신의 오랜 경험과 직관을 중시하며 AI를 '검증되지 않은 장난감'으로 치부하는 베테랑 팀원의 저항이 있다. 이들에게는 AI 도입의 필요성을 강요하기보다는, 그들의 전문성을 존중하고 스스로 필요성을 느끼게 유도하는 접근이 효과적이다. 리더는 "당신의 경험은 우리 팀의 가장 큰 자산이며, AI는 그것을 결코 대체할 수 없습니다"라는 공감의 메시지로 대화를 시작해야 한다. 그 다음 AI를 전문성을 위협하는 존재가 아니라, 반복적인 자료 수집이나 정리 업무를 대신 수행하는 '유능한 조수'로 재정의함으로써, 더 중요한 핵심 업무에 집중할 수 있도록 돕는 역할임을 명확히 해야 한다. 가장 효과적인 방법은, 팀원이 가장 번거롭게 여기는 업무를 AI로 즉시 해결하는 '작은 성공 경험'을 만들어 주는 것이다. 이러한 실질적 경험은 AI가 자신의 역량을 대체하는 것이 아니라 오히려 강화해 준다는 사실을 팀원 스스로 깨닫게 만든다(Cieslak & Valor, 2025).

반면 AI에 대해 과도한 기대를 품고 적극적으로 활용하지만, 그만큼 비판 없이 오용하는 주니어 팀원도 존재한다. 이들은 AI가 생성한 그럴듯한 허위 정보(Hallucination)를 교차 검증 없이 그대로 사용하는가 하면, AI의 제안을 별다른 판단 없이 수용해 업무의 품질을 떨어뜨리기도 한다. 이때 리더는 그들의 의욕을 꺾지 않으면서도 비판적 사고의 중요성을 효과적으로 코칭해야 한다. 하버드 경영대학원의 보고서도 AI가 생성한 정보는 반드시 출처를 재확인해야 한다고 강조한다(Gibson, 2025).

리더는 "AI는 정답을 내려 주는 상사가 아니라, 자료를 모아 주는 부사수라고 생각하자. 최종 판단은 여전히 PM의 핵심 역량이야"라는 식으로 역할 분담을 명확히 정리하는 것이 중요하다. 동시에 'AI가 제공한 모든 데이터는 내부 데이터와 반드시 교차 검증한다'는 원칙을 공식적인 업무 프로세스에 포함해야 한다. 이러한 양방향 코칭을 통해 리더는 단순한 결과물의 수정자가 아니라, 팀원들이 AI와 올바르게 협업할 수 있는 시스템을 설계하는 사람이 된다. 실제 연구에 따르면, 변혁적(Transformation), 민주적(Democratic) 리더십 스타일은 AI 도입의 성공률을 높이는 데 긍정적 영향을 미친다.

팀원들이 의사 결정 과정에 적극적으로 참여하고, 영감을 통해 동기를 부여하는 방식이 특히 효과적이라는 것이다.

데이터 기반 설득과 신뢰 구축

팀의 AI 활용 역량이 높아지면, 리더는 새로운 과제와 마주하게 된다. 바로 AI 분석 결과를 상위 리더에게 설득력 있게 전달하는 일이다. 특히 그 결론이 경영진의 직관과 다를 경우, "AI를 어떻게 믿어?"라는 본질적인 질문에 답해야 한다. 이때 리더의 역할은 단순히 결론을 '전달하는 대변인'이 아니라, 결론에 이르는 전 과정을 투명하게 증명하여 신뢰를 형성하는 '최종 해석자'가 되는 것이다.

예를 들어 보자. AI 분석 결과, 기존의 최우선 과제로 간주되던 'A기능 추가'보다, 아무도 주목하지 않았던 'B 프로세스의 결함'이 고객 이탈의 핵심 원인으로 밝혀졌다고 가정해 보자. 이 경우 리더는 다음의 4단계 논리 사슬을 통해 설득력을 높일 수 있다.

첫째, 보고의 시작은 'AI'가 아닌 '데이터'와 '문제'여야 한다. "최근 고객 이탈률 증가의 원인을 파악하기 위해, 고객 문의 데이터 10만 건을 전수 검토했습니다." 이처럼 모두가 공감할 수 있는 비즈니스 문제에서 출발하면

논의의 초점이 자연스럽게 맞춰진다. 둘째, AI를 블랙박스가 아닌 투명한 조력자로 시각화한다. AI가 비정형 데이터를 어떻게 체계적으로 분류하고, 핵심 키워드를 어떻게 도출했는지를 구체적으로 설명하면, 기술에 대한 심리적 장벽을 낮출 수 있다. AI의 역할을 명확히 보여줌으로써 신뢰를 쌓는 것이다. 셋째, 데이터에 '고객의 목소리'를 덧입혀 생명력을 부여한다. 예컨대 "AI가 감지한 패턴을 확인하기 위해 실제 고객과 인터뷰한 결과, '이 문제 때문에 결제를 세 번이나 포기했어요'라는 구체적 피드백을 확인했습니다." 이처럼 정량적 데이터에 체감 가능한 정성적 스토리를 연결하면 설득력은 배가된다. 마지막으로 AI의 분석 결과를 '정답'이 아닌 '검증 가능한 가설'로 제안한다. "B프로세스 개선이 이탈률을 줄이는 데 더 효과적일 것이라는 가설을 세웠고, 이를 검증하기 위해 2주간 A/B 테스트를 제안합니다." 이처럼 의사 결정의 부담을 낮추는 방식으로 접근하면, 받아들이기 쉬운 제안이 된다. 이 방식은 설명 가능한 AI(XAI, eXplainable AI)의 핵심 원칙과도 맞닿아 있으며, 기술적 신뢰를 넘어서 경영적 신뢰를 확보하는 데 결정적인 역할을 한다(Giovine & Roberts, 2024).

AI 시대의 성과 관리 재설계

AI를 성공적으로 도입했다면, 리더는 한 가지 중요한 사실을 인지해야 한다. 과거의 잣대로는 더 이상 AI의 기여도를 온전히 평가할 수 없다는 것이다. 단순히 투입된 시간이나 처리한 업무량으로 역량을 판단하던 시대는 지났다.

AI와 협업하는 구성원에게 중요한 것은, '얼마나 많은 시간을 들였는가'가 아니라 'AI를 활용해 얼마나 더 나은 결정을 내리고, 더 높은 가치를 창출했는가'다. 따라서 팀의 핵심 성과 지표(KPI) 또한 기존의 양적 중심 지표에서 벗어나, '결과의 질'과 '과정의 혁신'에 초점을 맞춰 새롭게 설계되어야 한다. 슈레이그 외(Schrage et al., 2024)의 연구에 따르면, AI 시대의 KPI는 단순히 과거의 성과를 추적하는 정적인 지표가 아니라, 미래를 예측하고, 최적의 행동을 추천하는 '스마트 KPI'로 진화해야 한다. 예컨대 '데이터 기반 의사 결정의 성공률', 'AI 분석 기반 가설의 검증 성공률' 같은 지표는 팀이 얼마나 더 똑똑하게 일하는지를 측정하는 기준이 될 수 있다. 또한 '핵심 반복 업무의 자동화 건수', 'AI 활용을 통한 업무 시간 단축률'과 같은 지표는 생산성 향상 노력을 가시적인 수치로 보여 주는 역할을 한다.

개인의 역량 평가 기준도 마찬가지로 새롭게 정의될 필요가 있다. 예를 들어 '얼마나 효과적인 프롬프트를 작성하고 공유했는가', 'AI를 활용해 기존에 없던 아이디어를 몇 건 제안했는가'는 새로운 시대의 업무 능력을 구체적으로 보여 주는 지표가 될 수 있다. 다만 주의할 점도 있다. AI와의 협업이 단기적 성과는 높일 수 있지만, 장기적으로는 인간의 내재적 동기를 저해할 수 있다는 연구 결과도 있다(Wu et al., 2025). 따라서 성과 지표를 설계할 때는 심리적 지속 가능성까지 고려한 균형 잡힌 접근이 필요하다. 궁극적으로 새로운 기준을 명확히 제시하는 일은 단순한 평가를 넘어, 팀원들에게 AI 시대에 필요한 역량을 갖추도록 동기를 부여하는 리더십의 출발점이 된다.

지속 가능 성장을 위한 실험 문화

AI 기술은 하루가 다르게 진화하고 있다. 따라서 한 번 정해진 매뉴얼만 반복적으로 따르는 조직은 금세 도태될 수밖에 없다. 진정한 AI 시대를 선도하는 팀을 만들고자 한다면, 리더는 기술 그 자체보다 '변화에 적응하고, 끊임없이 학습하는 문화'를 조성하는 데 집중해야 한다.

그 핵심은 실패를 두려워하지 않고 새로운 AI 기술과

활용법을 지속적으로 시도할 수 있는 '심리적 안정감'과 '실험 문화'를 구축하는 것이다. 이를 위해 리더는 먼저 '실패'를 비용이 아닌 '가치 있는 데이터'로 재정의하는 조직 문화를 선언해야 한다. 예컨대 새로운 AI 툴 도입이 실패했을 때, 해당 시도를 질책하기보다는 이렇게 말해야 한다:

> "우리는 이번 실험을 통해 이 툴이 우리 팀에는 맞지 않는다는 귀중한 데이터를 얻었습니다."

실패를 학습의 출발점으로 전환하는 이 태도가 실험 문화를 촉진하는 토대가 된다. 하버드 경영대학원의 에이미 에드먼슨 교수는 심리적 안정감을 '팀원들이 대인관계적 위험을 감수해도 안전하다고 느끼는 공유된 믿음'이라고 정의하며, 리더가 먼저 자신의 불완전함을 드러내는 태도가 이 문화를 여는 열쇠임을 강조한다(Edmondson, 1999).

그뿐만 아니라 성공적인 AI 활용 사례나 효과적인 프롬프트는 팀의 노션이나 위키에 'AI 프롬프트 라이브러리'로 구조화하여 자산화해야 한다. 또한 'AI 플레이그라운드'와 같은 실험 시간을 주기적으로 마련하여 팀원들이 자유롭게 새로운 툴을 탐색할 수 있도록 여지를 주는 것도 중요하다. 학습과 실험이 일상처럼 스며든 팀만이 AI와 함께 진화할 수 있다.

결국 AI 시대의 리더에게 요구되는 것은 단순한 AI 활용 능력이 아니다. 코칭의 기술, 소통의 지혜, 그리고 실험 문화를 설계하는 시스템적 사고다. 리더는 더 이상 개별 과업을 관리하는 감독관이 아니라, 인간의 창의성과 AI의 분석력이 최적의 시너지를 내도록 구조를 설계하는 '설계자(Architect)'가 되어야 한다. 실제로 인간-AI 협업에 관한 다양한 연구들은 공유된 정신 모델(Shared Mental Model), 신뢰 구축 메커니즘, 투명한 피드백 루프 등 효과적인 협업을 위한 구조적 요소들을 강조하고 있으며, 이 모든 요소를 설계하고 조율하는 역할이 바로 리더에게 있다는 사실을 보여 준다(Lou et al., 2025). AI를 지렛대로 삼아 인간 고유의 리더십을 증폭하는 것, 바로 이것이 AI 시대의 리더가 자신의 가치를 증명하고, 지속 가능한 성장을 이끄는 결정적 열쇠가 된다(Alamu, 2025).

참고문헌

Alamu, R.(2025). Human-AI collaboration: The future of work

and leadership in the AI era. ResearchGate.
Cieslak, V. & Valor, C.(2025). Moving beyond conventional resistance and resistors: An integrative review of employee resistance to digital transformation. *Cogent Business & Management, 12*(1), 2442550.
Edmondson, A. C.(1999). Psychological safety and learning behavior in work tteams. *Administrative Science Quarterly, 44*(2), pp.350~383.
Gibson, H. O.(2025). Solving three common AI challenges companies face. HBS Working Knowledge.
Giovine, C. & Roberts, R.(2024). Building AI trust: The key role of explainability. McKinsey.
Lou, B. et al.(2025). Unraveling human-AI teaming: A review and outlook. arXiv:2504.05755.
Schrage, M. et al.(2024). The future of strategic measurement: Enhancing KPIs with AI. *MIT Sloan Management Review.*
Wu, S. et al.(2025). Human-generative AI collaboration enhances task performance but undermines human's intrinsic motivation. *Scientific Reports, 15*(1).

08
능력 격차를 넘어 활용 격차로: AI 디바이드 심화와 대응 방안

AI 전환(AX) 시대, 기업의 성공은 기술 도입이 아닌 '활용 능력'에 달렸다. 조직 내부에 존재하는 '기술 인프라'와 'AI 활용 역량'의 격차가 어떻게 조직적 병목 현상을 낳는지 진단하고, 이를 넘어 지속 가능한 성장을 이루기 위한 다층적 대응 방안을 모색한다.

AI와 인재 채용?

DT를 넘어 AX 시대로

과거의 디지털 전환(DT, Digital Transformation)이 기존 프로세스를 효율화하고 점진적인 성과를 추구하는 '개선'의 단계였다면(Wessel et al., 2021), AI 전환(AX, AI Transformation)은 AI를 조직의 신경망처럼 핵심에 내장하여, 비즈니스 모델과 운영 방식 자체를 근본적으로 '재창조'하는 혁명적 패러다임이다. DT가 마차를 더 빠른 내연 기관 자동차로 바꾸어 속도를 높인 변화라면, AX는 도시 전체의 교통 흐름을 최적화하고, 스스로 운행하는 자율 주행 물류 네트워크를 구축함으로써 '이동'이라는 개념과 그 생태계 전체를 다시 설계하는 일에 가깝다.

DT가 기존의 길을 더 빠르게 달리는 데 집중했다면, AX는 새로운 길을 만들고, 그 위에서 작동하는 규칙 자체를 설계하는 것이다. 예컨대 금융업에서 DT가 모바일 뱅킹 앱 도입 수준에 머물렀다면, AX는 고객의 소셜 네트워크 서비스(SNS) 활동, 소비 패턴 등 비정형 데이터를 실시간 분석하여, 개인의 신용 리스크를 동적으로 평가하고, 맞춤형 금융 상품을 선제적으로 제안하는 시스템을 구축한다. 제조업에서도 단순한 공정 자동화를 넘어, 설비의 미세한 진동과 온도 변화를 감지해 고장을 예측하고, 공급망 전반의 데이터를 분석해 최적의 재고 수준을 실현하는 예측 유지 보수 체계를 만들어 낸다.

이처럼 AX에 의해 특정 업무의 효율화를 넘어, 조직의 의사 결정 체계와 가치 창출 방식 자체가 전면적으로 변화되기 때문에, 그 성공 여부는 단순한 경쟁력의 차원을 넘어 기업의 생존을 좌우하는 결정적 요인이 된다. 지난 2020년 하버드 경영대학원의 마르코 이안시티(Marco Iansiti)와 카림 라카니(Karim R. Lakhani) 교수가 경고했듯, 이 거대한 전환의 과정에서는 필연적으로 '기술 인프라'와 'AI 활용 역량'이라는 두 개의 깊은 균열이 발생한다. 그리고 이 균열을 넘을 수 있을지가 미래 조직의 성패를 가르는 가장 결정적인 분수령이 될 것이다.

AX를 가로막는 두 개의 심층 격차

AX로의 전환이 어려운 이유는, 많은 조직이 기술 도입에만 집중한 나머지 그 이면에 존재하는 두 개의 거대한 간극을 간과하기 때문이다.

첫째는 '기술 인프라의 격차'다. AI가 실제 업무 문제를 해결하려면, 내부 데이터를 활용하는 검색 증강 생성(RAG, Retrieval-Augmented Generation) 기술이 핵심이 된다. 그러나 이 기술이 제대로 작동하려면, 기업의 데이터가 AI가 이해할 수 있도록 정제되고 구조화된 'AI 대응 가능(AI-Ready) 환경'으로 전환되어 있어야 한다(Brehm et al., 2024). 하지만 현실 속 기업 데이터는 대부분 부서별로 고립된 '사일로(Silo)'에 갇혀 있거나, 형식이 제각각이며 품질 또한 일정하지 않다. 이처럼 정제되지 않은 데이터 환경에서 성급히 AI를 도입하는 것은 모래 위에 성을 쌓는 것과 다르지 않다.

둘째는 'AI 활용 역량의 격차'라는 인간의 문제다. 이는 단순한 기술 교육의 문제가 아니라, 기술과 조직의 상호작용을 바라보는 사회 기술 시스템 관점에서 접근해야 한다(Bostrom & Heinen, 1977). 많은 구성원은 AI로 인해 일자리가 위협받을 수 있다는 불안, 그리고 수십 년간 축적한 전문성과 경험이 무력화될 수 있다는 두려움을 동시에 느낀다(Frey & Osborne, 2017). 특히 과거의 성공 공식에 익숙한 베테랑일수록 새로운 방식에 대한 저항, 그리고 현상 유지 편향(Status quo Bias)이 강하게 나타나기 쉽다(De Freitas, 2025). 여기에 더해, 단기 성과에만 몰두하며 실패를 허용하지 않는 경직된 조직 문화, 그리고 여전히 원론적 수준에 머무는 AI 교육은 구성원들의 자발적인 AI 도입 의지를 꺾는 결정적 요인으로 작용한다.

결과의 양극화와 조직적 병목 현상

기술 인프라와 활용 역량의 두 격차는 결국 '결과를 만드는 속도'의 차이로 나타난다. 이 차이는 곧 개인의 생산성을 양극화하고, 성장과 보상의 격차를 기하급수적으로 벌리는 구조로 이어진다.

AI를 능숙하게 활용하는 직원은 단순 업무의 자동화를 넘어, 데이터 기반의 통찰력을 바탕으로 더 높은 가치를 창출하는 복합적 업무에 집중하게 된다. 이는 곧 경력 성장의 가속화로 연결된다. 반면 AI를 능숙히 다루지 못하는 직원은 반복적이고 저부가가치적인 업무에 머무르며 조직 내에서 점차 도태될 위험에 처한다. 이처럼 개인 수준에서 시작된 생산성의 격차는 조직 단위로 확장될 때 더욱 파괴적인 양상을 띠게 된다. AX에 성공한 기업은 시장 변화에 기민하게 대응하며 앞서 나가지만, 그렇지 못한 기업은 점차 경쟁에서 뒤처지는 구조로 고착된다.

그러나 더욱 심각하고 교묘한 문제는 외부에 있지 않다. 진짜 위기는 바로 조직 내부에 도사린 '조직적 병목 현상'이다. 예컨대 특정 부서가 AI를 통해 속도를 아무리 높여도 협업이 필요한 타 부서가 여전히 과거의 수동적 방식에 머문다면, 혁신의 효과는 고립되고 분산되며, 조직 전체로 확산되지 못한다. 예를 들어 마케팅 팀이 AI로 실시간 시장 데이터를 분석해 혁신적인 캠페인을 빠르게 기획하더라도, 법무 팀의 계약 검토나 재무 팀의 예산 승인이 며칠씩 지연된다면 캠페인의 적시성은 사라지고, 모든 노력이 수포로 돌아간다. 이 과정에서 AI를 능동적으로 활용하는 부서는 타 부서를 '혁신의 발목을 잡는 걸림돌'로 인식하게 되고 다른 부서는 변화의 압박에 대한 방어적 저항을 강화하게 된다. 그 결과 부서 간 보이지 않는 불신과 갈등의 벽이 점점 높아진다.

이런 환경은 결국 혁신적인 아이디어를 제시하던 유능한 인재들이 무력감을 느끼고 조직을 떠나는 원인이 된다. 쇠사슬의 강도는 가장 약한 고리로 결정되듯, 조직 전체의 속도와 경쟁력은 AI 도입이 가장 더딘 부서의 속도에 맞춰 하향 평준화되고 만다(Akkermans & van Helden, 2002). 결국 AI 시대의 진정한 위기는 경쟁사에 뒤처지는 것이 아니라, 조직 내부의 AI 활용 격차를 방치함으로써 조직 전체의 혁신 동력과 잠재력을 스스로 갉아먹는 구조에 빠지는 것이다.

격차를 넘어, AX 시대를 선도하라

이 거대한 격차를 해소하기 위한 전략은 조직과 개인 차원에서 다층적으로, 그리고 동시에 이루어져야 한다.

먼저 조직은 기술 인프라에 대한 투자와 더불어, 기술이 아닌 사람과 문화에 대한 투자를 병행해야 한다. 'AI 대응 가능' 데이터 환경을 구축하고, AI가 작동할 수 있는 기반을 체계화하는 것이 출발점이지만, 그 위에서 작동할 조직 문화와 태도가 함께 설계되어야 한다. 이때 리더의 역할이 결정적이다. 리더가 회의 자리에서 직접 AI로 분석한 데이터를 근거로 의사 결정을 내리고, 실패를 비난이 아닌 학습의 기회로 전환하는 문화를 조성할 때, 구성원은 비로소 안심하고 새로운 시도에 나설 수 있는 환경을 체감하게 된다. 이러한 조직 변화는 코터(Kotter, 2014)의 변화 관리 모델처럼 검증된 방법론을 기반으로 체계적으로 추진될 때 성공 확률이 높아진다.

그러나 조직의 변화만을 기다릴 수는 없다. 개인 역시 AI 시대의 단순한 사용자에서 벗어나, AI를 이끄는 '코파일럿'으로 진화해야 한다. 이를 위해 필요한 것은 AI의 작동 원리와 한계를 이해하고, 비판적으로 활용할 수 있는 'AI 리터러시'다(Long & Magerko, 2020). 이는 단순히 프롬프트를 잘 쓰는 기술을 넘어, AI의 결과물을 맹신하지 않고 비판적으로 검토하고 알고리즘의 숨겨진 편향을 간파하며 더 나은 결과를 위해 효과적으로 질문할 수 있는 능력을 포함한다. 또한 작은 성공 경험을 통해 직무에 AI를 적용해 보고, 동료들과 함께 자발적인 스터디 그룹을 형성해 성공과 실패의 사례를 공유하고 학습하는 문화가 확산되어야 한다. 에이티엔티(AT&T)가 10억 달러를 투자해 전사적 직원 재교육을 시행한 것은, 개인의 노력을 조직이 어떻게 체계적으로 뒷받침할 수 있는지를 보여 주는 대표적 사례다.

AI 전환이라는 거대한 파도 속에서의 성공은 '기술 인프라'와 'AI 활용 역량'이라는 두 바퀴가 함께 굴러갈 때 비로소 가능하다. 이 격차를 극복하려는 오늘의 노력은, 단순히 장애물을 넘는 것이 아니라 경쟁자들이 머뭇거리는 사이 격차를 벌릴 수 있는 절호의 기회가 된다(Iansiti & Lakhani, 2020). AI 디바이드(AI Divide)는 정해진 미래가 아니다. 우리의 선택과 행동에 따라 얼마든지 극복할 수 있는 과제다. 그리고 조직의 리더와 구성원이 내딛는 첫 시도는, 바로 그 격차를 가로지르는 다리를 놓는 시작점이 될 수 있다.

참고문헌

Akkermans, H. & van Helden, K.(2002). Vicious and virtuous cycles in ERP implementation: A case study of interrelations between critical success factors. *European Journal of Information Systems, 11*(2), pp.146~156.

Bonfiglioli, A. et al. (2025). Artificial Intelligence and jobs: evidence from US commuting zones. *Economic Policy, 40*(121), 145~194.

Bostrom, R. P. & Heinen, J. S.(1977). MIS problems and failures: A socio-technical perspective. Part I: The causes. *MIS Quarterly, 1*(3), pp.17~32.

Brehm et al.(2024). How AI ready data can help drive AI strategy success. EY. https://www.ey.com/en_us/services/emerging-technologies/knowledge-assets-enable-ai-to-make-informed-decisions

Committee on Automation and the U.S. Workforce: An Update(2025). Artificial Intelligence and the future of work. The National Academies Press. nap.nationalacademies.org/27644

De Freitas, J.(2025). Why people resist embracing AI. *Harvard Business Review.*

Frey, C. B. & Osborne, M. A.(2017). The future of employment: How susceptible are jobs to computerisation?. *Technological Forecasting and Social Change, 114*, pp.254~280.

Iansiti, M. & Lakhani, K. R.(2020). Competing in the age of AI. *Harvard Business Review, 98*(1), pp.60~67.

Kotter, J. P.(2014). *Accelerate: Building strategic agility for a*

faster-moving world. Harvard Business Review Press.
Long, D. & Magerko, B.(2020). What is AI literacy? Competencies and design considerations. *Proceedings of the 2020 CHI Conference on Human Factors in Computing Systems,* pp.1~16.
Wessel, L. et al.(2021). Unpacking the difference between digital transformation and IT-enabled organizational transformation. *Journal of the Association for Information Systems, 22*(1), pp.102~129.
Xu, X. et al.(2025). RAGOps: Operating and managing retrieval-augmented generation pipelines. arXiv:2506.03401.

09
AI 시대, 인간 고유 역량의 재발견

AI는 공감, 비판적 사고, 서사력 등 인간만의 고유 역량을 위협하지 않는다. 오히려 이러한 역량이 AI 시대에서 더욱 중요한 경쟁력이 됨을 강조하며, 인간만이 할 수 있는 일에 집중하고 AI와 협력할 수 있는 전략을 제시한다.

AI와 기자?

AI가 잘하지 못하는 것들

AI는 빠른 속도로 발전하고 있지만, 여전히 인간만이 해낼 수 있는 고유한 역량이 있다. 대표적인 것이 '공감', '맥락 이해', '비판적 사고'다. AI는 단어의 다음 순서를 예측하고, 주어진 논리 구조 안에서 분석과 요약을 잘 수행하지만, 감정의 미묘한 결을 읽고 그에 정서적으로 반응하는 능력은 여전히 인간의 고유 영역이다.

실제 의료 현장을 예로 들면, 환자의 말투, 표정, 침묵에 담긴 감정을 알아차리고 대응하는 역량은 의사의 진단과 치료 성과에 결정적인 영향을 미친다. 하버드 의대의 정신과 의사 헬렌 리스(Helen Riess)는 "공감은 단순한 감정이 아니라, 뇌의 신경 회로가 관여하는 학습 가능한 기술이며 인간관계의 핵심"이라고 말한다(Riess & Neporent, 2018). 그녀가 개발한 공감 훈련 프로그램(Empathetics)은 의료 현장에서 의사의 공감 능력을 높여 환자 만족도와 치료 효과를 끌어올리는 데 기여했다.

이러한 정서 기반 상호작용은 단순한 정보 전달이 아닌, 신뢰와 안전의 감정 구축이 필요한 직군—예를 들어 교사, 심리 상담가, 리더십 코치, 고객 경험 설계자, 조직 내 관리자 등—에서 더욱 중요해진다. 실제로 많은 연구는 의료 AI 시스템이 환자의 감정 변화나 문화적 코드에 민감하게 반응하지 못할 때, 오히려 의사-환자 관계에 불안정성을 가져올 수 있다고 경고한다(Abou Hashish, 2025; Bloch-Atefi, 2025).

또 감정은 표현의 맥락과 문화적 배경에 따라 해석이 달라지는데, AI는 이러한 복합적인 사회적 함의를 온전히 파악하기 어렵다. 따라서 인간만이 감정의 서사와 사회적 함의를 읽어 내고 반응하는 고유한 능력을 지닌다는 점은 여전히 유효하다.

3C 생존 전략: 호기심, 비판적 사고, 협업

AI 시대에 인간이 경쟁력을 유지하기 위해서는 특정 기술의 습득보다 근본적인 사고의 틀, 즉 '3C 역량'이 필요하다. 이는 호기심(Curiosity), 비판적 사고(Critical Thinking), 협업(Collaboration)을 의미하며, 이 세 가지는 서로 유기적으로 연결되어 작동한다.

심리학자 토드 카시단(Todd Kashdan)은 호기심을 '불확실성과 마주하는 용기'라고 정의했다(Kashdan, 2009). 새로운 기술과 정보가 범람하는 시대, 기꺼이 질문을 던지고 배움의 가능성을 탐색하는 사람만이 변화의 흐름을 자기 서사로 전환할 수 있다. 호기심은 단지 새로운 정보를 향한 열정이 아니라, '지속 가능한 탐색'의 태도며, 이는 곧 혁신과 창의성의 원천이 된다.

비판적 사고는 AI가 제시하는 정보나 패턴을 무비판적으로 수용하지 않고, 그 배경과 맥락, 숨겨진 전제를 해석하는 능력이다. 특히 알고리즘 편향, 데이터 기반 판단의 오류 가능성은 AI를 단순히 '정답 기계'로 받아들이지 말고 적극적으로 감시하고 교정할 필요성을 제기한다. 이는 기술 리터러시(Digital Literacy)와 윤리적 감수성의 결합이며, 기업이나 교육기관에서는 이를 '디지털 판단력(Digital Discernment)'이라 부르며 핵심 역량으로 다룬다.

협업은 더 이상 부차적 역량이 아니다. 2024~2025년 PwC의 연구에 따르면, AI 역량을 요구하는 일자리의 수요가 지난 5년간 38% 증가했으며, 이는 팀 기반 프로젝트와 다학제 협업에 대한 수요 확대로 해석될 수 있다. 이러한 변화는 단순한 개인 수행이 아니라 서로 다른 관점과 정보를 통합하여 시너지를 내는 협업 능력, 즉 협업적 창의성(Collaborative Creativity)에 대한 요구가 높아지고 있음을 보여 준다.

서사력의 시대: 이야기로 연결되는 영향력

AI는 데이터를 분석하고 요약하는 데 뛰어나지만, 이를 인간의 언어로 풀어내고 정서적 공명을 만들어 내는 능력 — 곧 '서사력(Narrative Literacy)' — 은 인간만이 지닌 힘이다. 서사력은 단지 말이나 글로 이야기를 만드는 능력이 아니라, 구조화된 사고, 감정 이입, 타인의 시선에서 재해석하는 역량까지 포함한다.

교육 심리학자 제롬 브루너(Jerome Bruner)는 "사람은 논리가 아니라 이야기로 세상을 이해한다"고 강조했다(Bruner, 1991). 이는 오늘날 리더십, 커뮤니케이션, 브랜드 설계, 조직 문화 등 모든 영역에서 서사의 중요성이 커지는 이유이기도 하다. 또한 이는 고객 경험(CX) 설계, 서비스 디자인, 커뮤니티 운영 등에서 사용자와 공감대를 형성하고 의미 있는 관계를 만들어 가는 기반이 된다.

복잡한 데이터를 의미 있는 서사로 전환할 수 있는 인재는 단순한 수치를 나열하는 것을 넘어서 조직 구성원에게 비전을 전달하고 몰입을 유도할 수 있다. 하버드 경영대학원의 연구에 따르면, 데이터와 스토리텔링을 결합한 메시지는 순수 사실 기반 메시지보다 청중에게 훨씬 더 기억에 남는 것으로 나타났다. 이는 리더들이 스토리를 통해 메시지를 전달할 때 더 강한 영향력을 발휘할 수 있음을 시사한다(Thomas et al., 2022).

또한 '자기 서사(Self-narrative)'는 커리어 개발의 핵심이다. 동일한 경험을 하더라도 이를 어떻게 해석하고 말하는지에 따라 개인의 정체성과 사회적 영향력이 달라진다. 심리학자 댄 매캐덤스(Dan P. McAdams)는 인간은 본질적으로 '이야기하는 존재'이며, 정체성은 곧 '자신의 이야기를 어떻게 구성하는가'에 달려 있다고 설명한다(McAdams, 1996). 자기 서사 역량은 커리어 인터뷰, 네트워킹, 포트폴리오 작성, 브랜드 퍼스널리티 설계 등 다양한 맥락에서 인간 고유의 힘으로 작동한다.

인간 중심 역량의 확장 가능성

공감, 비판적 사고, 서사력과 같은 인간 중심 역량은 AI로 인해 약화되는 것이 아니라, 오히려 더 확장되는 국면에 있다. 기술은 인간의 감정적 · 인지적 역량을 증폭하는 도구가 되어 가고 있기 때문이다. 인간은 AI와 협력하는 방식으로 자신의 고유한 강점을 더 뚜렷하게 발휘할 수 있게 된다.

예를 들어 감정 분석 기술은 상담자가 내담자의 상태를 더 빠르게 인지하고 개입할 수 있게 하며, 협업 플랫폼은 정서적으로 민감한 피드백을 더 정제된 방식으로 전달할 수 있는 구조를 제공한다. 의료 분야에서 감성 컴퓨팅(Emotional Computing)은 의사의 판단을 보조하면서도 환자의 감정 상태를 정량화할 수 있는 수단으로 주목받고 있다.

또한 디지털 트윈이나 AI 기반 시뮬레이션은 공감 훈련, 리더십 시나리오 연습, 팀 갈등 조율 등에서 인간의 감정과 사고 실험을 돕는 도구로 활용되고 있으며, 이는 인간 역량의 훈련 가능성과 재구성 가능성을 함께 확장하고 있다. AI로 인해 인간의 역할은 줄어드는 것이 아니라 재정의되는 것이다. 이는 기술이 인간의 고유 역량을 대체하는 것이 아니라, 인간성의 또 다른 확장판이 될 수 있음을 뜻한다.

기술과 인간다움의 공존 전략

결국 AI 시대의 진정한 경쟁력은 '기계보다 잘하는 인간'이 되는 것이 아니라, '기계와 함께 의미를 만들어 가는 인간'이 되는 데 있다. 기술의 발전은 도구일 뿐이며, 그 안에 맥락을 부여하고 정서적 의미를 이끌어 내는 능력은 오직 인간에게만 있다.

심리학자 칼 로저스(Carl Rogers)는 "진정한 관계는 도구적 유능함이 아니라, 상대의 감정에 얼마나 진심으로 반응하는가에서 비롯된다"라고 말한다. 기술은 효율을 높이지만, 사람은 관계와 의미를 만든다. 그리고 지금 우리가 맞이한 AI 시대는, 이 두 축이 공존하고 조화를 이루어야 비로소 '새로운 가능성'이 열린다.

우리는 이제 "기술이 무엇을 할 수 있나"보다 "기술을 통해 나는 어떤 사람으로 살 것인가"를 묻는 시대에 들어섰다. 공감, 사고, 이야기―이 세 가지는 단지 '대체 불가능한 역량'을 넘어서, 인간이 기술과 함께 존재할 수 있는 방식이자, 삶의 깊이를 구성하는 토대다. 이들은 바로 인간다움의 다른 이름이며, 미래 사회의 중심을 형성할 역량이다.

참고문헌

Abou Hashish, E. A.(2025). Compassion through technology: Digital empathy concept analysis and implications in nursing. Digital Health. https://doi.org/10.1177/20552076251326221

Bloch-Atefi, A.(2025). Balancing ethics and opportunities: The role of AI in psychotherapy and counselling. *Psychotherapy and Counselling Journal of Australia, 13*(1). https://doi.org/10.59158/001c.129884

Bruner, J.(1991). The narrative construction of reality. *Critical Inquiry, 18*(1), pp.1~21.

Kashdan, T.(2009). *Curious?*. HarperCollins.

McAdams, D. P.(1996). *The stories we live by*. Guilford Press.

Patience-Davies, H.(2024). Just where did the claim that stories are 22 times more memorable than facts alone come from?. LinkedIn.

PwC(2024). Global workforce hopes & fears survey.

PwC(2025). The fearless future: PwC's 2025 global AI jobs barometer.

Riess, H. & Neporent, L.(2018). *The empathy effect.* Sounds True Publishing.

Rogers, C.(1961). *On becoming a person.* Houghton Mifflin Harcourt.

Thomas, G. et al.(2022). Stories, statistics and memory. Harvard Business School.

10
지속 가능한 커리어를 위한 전략과 태도

AI 시대의 불확실성 속에서 직장인들이 직무의 변화와 혼란을 넘어서기 위해 필요한 마인드셋과 전략을 제시한다. '자기 서사'를 중심으로 커리어를 설계하며, 호기심과 회복 탄력성, 그리고 기술을 활용한 자기 성장을 통해 지속 가능한 커리어를 구축하는 방법을 제시한다.

AI와 미래 의사?

커리어의 진화: 경로가 아닌 서사

생성형 AI의 확산은 수많은 직업의 재편을 이끌고 있다. 많은 사람들이 "내 일자리는 안전할까?", "어떤 기술을 배워야 할까?"라는 질문에 사로잡힌다. 그러나 더 본질적인 질문은 이것이다. "나는 어떤 이야기를 살아가고 싶은가?"

기술은 도구에 불과하다. 기술을 통해 무엇을 하고자 하는가, 어떤 문제를 해결하려는가에 따라 같은 기술도 전혀 다른 결과를 낳는다. 파이선을 배운 사람 중 누군가는 금융 데이터를 분석하고, 누군가는 교육용 앱을 개발한다. 기술은 같아도 내러티브는 다르다. 이처럼 커리어는 정해진 경로(Path)가 아니라, 살아 있는 이야기(Narrative)다.

심리학자 댄 매캐덤스(Dan P. McAdams)는 인간은 사건이 아니라 이야기로 살아간다고 말한다. 내러티브는 자기 정체성의 핵심이며, 커리어 역시 자기 서사의 일부로 이해되어야 한다. 단순히 스펙을 채우는 것이 아니라, 각 경험에 어떤 의미를 부여하고 있는지가 더 중요하다. AI 시대의 커리어란 결국 '나라는 사람의 방향'을 설계하는 작업이다.

마인드셋의 전환: 호기심과 회복 탄력성

빠르게 변화하는 기술 환경 속에서, 살아남는 능력은 고정된 기술보다 유연한 태도에서 나온다. 심리학자 캐럴 드웩(Carol Susan Dweck)은 성장 마인드셋을 '도전 앞에서 배우려는 자세'라고 정의한다. 고정 마인드셋(Fixed Mindset)에서 벗어나 변화에 열린 자세를 갖는 것이 핵심이다.

AI는 수많은 정답을 줄 수 있지만, 의미와 방향은 인간만이 탐색할 수 있다. MIT는 실패에 대한 인식 전환(Flipping Failure) 프로젝트를 통해, 창의적 팀은 실패 경험 후 회복 탄력성(Resilience)을 발휘하는 데에서 뛰어나며, 이는 단순한 '회복하는 힘'이 아니라 '실패를 어떻게 내러티브로 재구성하고 공유하느냐'가 핵심이라고 강조한다(MIT Teaching & Learning Lab, 2024).

여기에 호기심은 변화를 탐색하는 원동력이다. 무엇이든 알고 싶어 하는 태도는 고정된 길이 아닌 새로운 경로를 개척하게 만든다. 이 두 가지 능력은 AI 시대에 인간이 인간다움을 지켜 가는 가장 중요한 자산이다.

일의 의미와 자기 정의

많은 이들이 "내 직업이 AI에 대체되지 않을까?"를 묻지만, 진짜 중요한 질문은 이것이다. "나는 왜 이 일을 하고 있는가?"

하버드 경영대학원의 연구에 따르면, 지속 가능한 커리어는 단순한 스킬 숙련을 넘어, 자기 효능감(Self-efficacy)과 자기 주도성(Self-direction)이 핵심 요소로 강조되며, 이는 경력을 스스로 설계하며 변화에 능동적으로 적응할 수 있는 메타 역량(Meta-competency)을 의미한다(Valcour, 2013; Savickas, 2005). 빠르게 변화하는 기술 환경 속에서, 인간의 정체성과 삶의 의미는 여전히 그 사람만의 고유한 자산으로 남아 있음을 시사한다.

다수 연구에서, 자기 정체성(Self-identity)과 일이 밀접하게 연결된 개인은 해당 업무에서 높은 몰입(Work Engagement)과 지속적인 수행력(Job Persistence)을 보이는 것으로 나타났다. 특히 업무를 이상적 자아(Ideal Self)의 일부로 인식할수록 몰입 수준과 조직 귀속감이 유의미하게 증가한다(Hector et al., 2021; Mazzetti et al., 2021).

즉 일을 지속하는 힘은 외부의 보상보다 내부의 서사에서 나오는 것이다. "나는 이 일을 통해 어떤 변화를 만들고 싶은가?", "누구와 함께 어떤 가치를 창출하고 싶은가?"는 질문을 계속 던져야 한다. 커리어는 정체성의 실현이며, 자아 탐색의 장으로 이해되어야 한다.

커리어의 재설계: 살아 있는 지도

과거에는 안정적인 커리어 경로를 따르는 것이 이상적인 모델이었다. 대기업에 입사해 한 직무를 수십 년간 수행하거나, 한 분야의 전문가로 일생을 보내는 것. 그러나 이제 커리어는 '계단(Ladder)'이 아니라 '그물망(Lattice)'처럼 확장되고 있다.

세계경제포럼은 2025년 보고서에서 현대 커리어를 '비선형 경로의 반복적 실험 구조'라고 설명한다. 하나의 역할에 오래 머무르기보다는, 프로젝트 기반, 사이드 잡, 업스킬링 등을 통해 끊임없이 경로를 조정해 간다. 커리어는 이제 '한 번의 선택'이 아니라 '수많은 실험'을 통해 조율되는 것이다.

실패는 오히려 중요한 피드백이다. 나에게 맞지 않는 경로를 확인하는 경험이자, 의미 있는 방향을 찾아가는 탐색이다. 커리어는 직선이 아니라 나선이다. 방향은 계속 바뀌지만, 중심축은 점점 나에게 가까워진다.

AI 시대의 자기 설계 전략

더 이상 커리어는 조직이 설계한 틀을 따르는 문제가 아니다. AI 시대의 직업 세계에서는 스스로 경로를 정의하고, 유연하게 조정할 수 있는 역량이 중요해진다. 이를 위한 네 가지 전략을 제시한다.

정기적인 자기 점검

경력의 방향은 삶의 우선순위와 연결되어야 한다. 일정한 간격으로 "현재 내가 중요하게 여기는 가치는 무엇인가"를 점검하는 루틴이 필요하다. 기록, 명상, 코칭 등을 활용해 자신과의 관점을 정리하는 시간이 그 시작이다.

작은 실험의 반복

커리어의 전환은 거대한 결단보다 작은 실험에서 시작된다. 사이드 프로젝트, 단기 업무 참여, 역 멘토링 등 일상의 실험을 통해 새로운 가능성과 흥미를 탐색할 수 있다. 실험은 실패보다 학습에 가깝다.

관계 중심의 서사 확장

일의 의미는 '무엇을 하느냐'만큼 '누구와 하느냐'에 의해 결정된다. 협업과 피드백, 대화와 연결은 단순한 네트워킹을 넘어 자신의 커리어 내러티브를 확장하는 기제가 된다. 깊이 있는 관계는 직업적 확장을 넘어 정체성을 구성하는 기반이 되기도 한다.

기술을 목적이 아닌 수단으로 활용하기

AI는 업무를 대신하는 도구가 아니라, 인간의 사고와 실행을 보완하는 파트너다. 챗GPT와 같은 도구를 단순히 '사용'하는 것을 넘어, 나의 메시지를 명확히 전달하고, 사고의 구조를 다듬는 데 쓸 수 있어야 한다. 기술은 목표가 아니라 서사의 매개체다.

오늘날 커리어는 생계를 넘어 정체성과 연결된 문제다. '무슨 일을 하느냐'보다 '그 일을 왜 하고 있는가'가 더 중요해졌다. 기술이 더 많은 업무를 대체할수록, 인간은 더 명확한 질문을 던져야 한다. "나는 누구와 일하고 싶은가", "어떤 가치를 만들고 싶은가."

지속 가능한 커리어는 외부의 정답을 따르는 것이 아니라, 나만의 방식으로 질문을 구성하고 서사를 만들어 가는 과정에서 시작된다. 정답을 찾기보다, 내가 만들어 가는 과정 자체에 의미를 부여하는 전략이 필요하다. 그리고 그 전략은 결국, '나는 지금 나의 이야기를 살고 있는가'라는 질문으로 수렴된다.

참고문헌

Dweck, C. S.(2006). *Mindset: The new psychology of success.* Random House.

Harvard Business Review(2025). The power of mattering at work.

Hector, A. M. et al.(2021). Inspired and Effective: The Role of the Ideal Self in Employee Engagement, Well-Being, and Positive Organizational Behaviors. *Frontiers in Psychology, 12, Article 662386.* https://pmc.ncbi.nim.nik.gov/articles/PMC8172598

Massachusetts Institute of Technology. Flipping failure: Building resilience through sharing stories of failure. https://flippingfailure.mit.edu/

Mazzetti, G. et al.(2021). Work engagement: A meta-analysis using the Job Demands-Resources model. *Psychological Reports, 126*(2), pp.1~38.

McAdams, D. P.(1996). *The stories we live by: Personal myths and the making of the self.* The Guilford Press.

Meredith, S.(2024). How generative AI can boost highly skilled workers' productivity. MIT News. https://mitsloan.mit.edu/ideas-made-to-matter/how-generative-ai-can-boost-highly-skilled-workers-productivity

MIT Teaching & Learning Lab(2024). Flipping Failure. https://flippingfailure.mit.edu/

Oncer, A. Z.(2012). The role of self-concept on the relationship between employees' perception of job satisfaction and work engagement.

Savickas, M. L.(2005). The theory and practice of career construction. *Journal of Vocational Behavior.*

https://psycnet.apa.org/record/2004-21312-003
Valcour, M.(2013.7.15). Craft a sustainable career. *Harvard Business Review.*
World Economic Forum(2025). The Future of Jobs Report 2025. https://www.weforum.org/publications/the-future-of-jobs-report-2025/

구석모

동국대학교에서 컴퓨터공학 석사를 마친 뒤, 정보기술 박사과정을 수료해 기술에 대한 깊이 있는 이론과 실무를 겸비했다. 현재 프로덕트 오너로 일하며 기술이 단순한 도구를 넘어 사람의 일과 역할을 어떻게 바꾸는지 탐구하고 있다. 다양한 특허와 논문, 실무 경험을 바탕으로 '기술을 두려워하지 않되, 사람을 중심에 두는 일'의 가능성을 짚어 낸다.

이하나

서강대학교에서 신문방송학과 심리학을 복수 전공하고 광고홍보학 석사과정을 수료해 커뮤니케이션에 대한 이론적 기반을 쌓았다. PR 전문가로서 다양한 조직과 사회의 접점을 설계해 왔으며, 기술의 시대에도 여전히 유효한 사람의 언어와 태도에 주목한다. 질문과 서사를 통해 스스로의 커리어를 다시 구성하는 방법을 모색한다.